WILLIAMS-SONOMA

COCINAALINSTANTE
bocadillos

RECETAS

Brigit L. Binns

EDITOR GENERAL

Chuck Williams

FOTOGRAFÍA

Tucker & Hossler

TRADUCCIÓN

Laura Cordera L
Concepción O. de Jourdain

contenido

20 MINUTOS DE PRINCIPIO A FIN

la razón de este libro

El libro *Bocadillos* de la serie Cocina al Instante es perfecto para las personas ocupadas a quienes les encanta recibir visitas. Las deliciosas recetas de este libro son tan sencillas que son ideales para las reuniones casuales, pero también son tan elegantes que son excelentes para una reunión con estilo. Estos bocadillos fáciles de preparar le permiten pasar menos tiempo en la cocina y más tiempo disfrutando de su familia y amigos.

También encontrará consejos útiles que le ahorrarán tiempo en la presentación, lo cual disminuirá la presión de último minuto en la cocina y le ayudará a tener el ambiente perfecto para recibir invitados. Algunos platillos impresionantes como la Carne de Puerco Asada con Salsa de Piña o la Polenta con Pesto de Berenjena se pueden preparar en sólo 30 minutos, mientras que las Tacos de Lechuga Tai se pueden preparar en menos de 20 minutos. Esta colección de recetas demuestra que para preparar alimentos que gusten a las multitudes sólo se necesita estar bien organizado, comprar inteligentemente y usar recetas sencillas.

20 minutos
de principio a fin

crostini de nuez con queso gorgonzola y pera

Pan de nuez, 7 rebanadas, sin orillas si lo desea

Queso gorgonzola, 220 g (7 oz), a temperatura ambiente

Pera, 1, partida en cuartos, descorazonada y finamente rebanada

Sal y pimienta recién molida

RINDE
APROXIMADAMENTE
14 CROSTINI

1 Arme los crostini
Corte cada rebanada de pan transversalmente a la mitad. Unte el queso uniformemente sobre cada rebanada de pan y cubra con dos rebanadas delgadas de pera. Pase los crostini a un platón, espolvoree con sal y pimienta; sirva.

sugerencia del chef

Almacene las aceitunas
marinadas en un frasco o
recipiente con cierre hermético
hasta por un mes dentro del
refrigerador. Entre más tiempo
se marinen las aceitunas será
mejor ya que los sabores
continuarán desarrollándose con
el tiempo.

aceitunas marinadas en cítricos

1 Marine las aceitunas

En un frasco limpio con capacidad de 1 ½ taza (375 ml) mezcle las aceitunas, semillas de hinojo, ralladura y jugo de naranja, ajo, hojuelas de chile, granos de pimienta y aceite de oliva. Tape y agite el frasco para compactar los ingredientes. El contenido debe llegar 2.5 cm (1 in) debajo de la orilla del frasco. Destape y agregue agua justo hasta cubrir los ingredientes. Agite el frasco para liberar las burbujas de aire. El aceite de oliva subirá a la superficie. Tape y deje marinar por lo menos durante 15 minutos.

2 Sirva las aceitunas

Usando una cuchara ranurada pase las aceitunas a un tazón de servicio, desechando el líquido del frasco. Sirva las aceitunas colocando un tazón pequeño junto a ellas para recolectar las semillas.

Aceitunas verdes en salmuera como las Manzanilla, 500 g (1 lb), escurridas

Semillas de hinojo, 2 cucharadas

Ralladura fina y jugo de 1 naranja

Ajo, 2 dientes, finamente rebanados

Hojuelas de chile rojo, ½ cucharadita

Granos de pimienta, 10

Aceite de oliva, 3 cucharadas

RINDE
APROXIMADAMENTE
60 ACEITUNAS

compota de peras con quesos

Peras como la Bartlett (Williams') o Bosc, 2, sin piel, partidas en cuartos, descorazonadas y picadas grueso

Anís estrella o raja de canela, 1

Vino blanco afrutado como el Riesling, 2½ cucharadas

Azúcar, 1 cucharada o al gusto

Queso pecorino añejo, 125 g (4 oz)

Queso Maytag u otro queso azul, 125 g (4 oz)

Crostini tostados (página 70) o galletas grandes

RINDE APROXIMADAMENTE 24 PIEZAS

1 Cocine las peras y los sazonadores

En una sartén sobre fuego medio-bajo mezcle las peras, anís estrella, vino y azúcar. Hierva a fuego lento y cocine alrededor de 12 minutos, moviendo ocasionalmente, hasta que las peras casi se desbaraten. Deje enfriar hasta que estén a temperatura ambiente. (La compota se puede refrigerar hasta por 8 horas; déjela reposar a temperatura ambiente antes de servir.)

2 Acomode el platón

Pase la compota a un tazón y coloque sobre un platón grande. Acomode los quesos y los crostini alrededor de la compota. Coloque una capa de queso y una cucharada de compota sobre cada crostini y sirva.

sugerencia del chef

Hoy en día se pueden encontrar en el mercado muchas compotas y chutneys comerciales de buena calidad,

especialmente aquellas hechas con frutas como el mango y la manzana. En esta receta se puede usar cualquiera de ellas. También se pueden agregar a este platillo otros quesos como el Jarlsberg, queso suave de cabra o el manchego.

sugerencia del chef

Los dips son ideales para usar con verduras frescas que usted tenga a la mano. Por ejemplo, corte zanahorias y calabacitas (courgettes) transversalmente en rebanadas delgadas o tiras y sirva acompañando con el dip de frijol blanco y pan árabe.

dip de frijol blanco con pan árabe

1 Prepare el dip

Precaliente el horno a 150ºC (300ºF). En una sartén pequeña sobre fuego medio-bajo caliente una cucharada del aceite. Agregue el prosciutto, si lo usa, y la salvia fresca. Cocine alrededor de 4 minutos, moviendo ocasionalmente, hasta que esté dorado y crujiente. Añada el ajo, mezcle y retire del fuego. En un procesador de alimentos mezcle los frijoles con el chalote y procese hasta obtener una mezcla tersa. Pase a un tazón e integre con la mezcla de salvia salteada, jugo de limón, una cucharada del aceite de oliva, ¼ cucharadita de sal y pimienta al gusto. Reserve para que se fundan los sabores.

2 Caliente el pan árabe

Coloque los cuartos de pan árabe sobre una charola para hornear. Barnice ambos lados ligeramente con las 2 cucharadas restantes de aceite de oliva. Espolvoree uniformemente con la salvia seca y caliente en el horno alrededor de 10 minutos, hasta que estén crujientes y calientes. Coloque el pan árabe tostado sobre un platón pequeño y sirva al lado del tazón con dip de frijol.

Aceite de oliva, 4 cucharadas (60 ml/2 fl oz**)**

Prosciutto, 30 g (1 oz), finamente picado (opcional)

Hojas de salvia fresca, 4 ó 6, finamente picadas

Ajo, 1 diente, muy finamente picado

Frijoles cannellini, 1 lata (485 g/15 ½ oz), enjuagados y escurridos

Chalote, 1, muy finamente picado

Jugo de limón, 2 cucharaditas

Sal y pimienta recién molida

Pan árabe, 6 círculos, cada uno cortado en cuadros

Salvia seca, 1 cucharadita

RINDE APROXIMADAMENTE 2 TAZAS (500 G/16 OZ)

bruschetta
de queso ricotta,
higos y prosciutto

Baguette reposada o estilo francés, 24 rebanadas, cada una de aproximadamente 12 mm (½ in) de grueso

Aceite de oliva,
2 cucharadas

Mermelada o jalea de higo, 1 taza (315 g/10 oz)

Queso ricotta de leche entera, 1 ¼ taza (315 g/ 10 oz)

Prosciutto, 6 rebanadas delgadas, cada una cortada en 4 piezas

Pimienta recién molida

RINDE
APROXIMADAMENTE
24 BRUSCHETTA

1 Tueste el pan
Precaliente el horno a 180ºC (350ºF). Acomode las rebanadas de baguette sobre una charola para hornear y barnice ligeramente con el aceite de oliva. Hornee durante 10 ó 15 minutos, hasta dorar. Pase a un platón.

2 Arme las bruschetta
Unte cada rebanada con una cucharadita generosa de la mermelada de higo. Cubra con una cucharada del queso ricotta y un trozo de prosciutto. Sazone con pimienta y sirva de inmediato.

sugerencia del chef

Algunos tipos de mermeladas o jaleas de higo usan higos enteros, esto las hace demasiado espesas para untarse. Para solucionar este problema, coloque en un procesador de alimentos y pulse una o dos veces hasta que los higos se desbaraten y la jalea se pueda untar.

sugerencia del chef

Elija entre la gran variedad de
diferentes sales de mar que ahora
están disponibles en el mercado,
desde la delicada sal de mar de
alga marina hasta la sal
anaranjada de Hawai cultivada de
los bancos de sal en el mar. Para
lograr la mejor experiencia,
busque Fleur de Sel cultivada a
mano.

rábanos con mantequilla y sal de mar

1 Bata la mantequilla y prepare los rábanos

Coloque la mantequilla en un tazón pequeño. Usando un tenedor bata la mantequilla hasta que esté clara y esponjada; reserve. Recorte los tallos y raíces de los rábanos.

2 Arme el platillo

Pase la mantequilla a un ramekin o tazón pequeño de servicio para salsa o untos y colóquelo a un lado de los rábanos sobre un platón o charola de servicio. Coloque 2 ó 3 cucharadas de sal de mar sobre el platón o en un tazón pequeño y sirva.

Mantequilla sin sal, ½ taza (125 g/4 oz), a temperatura ambiente

Rábanos, 3 ó 4 manojos, aproximadamente 32, fríos

Sal de mar

RINDE
APROXIMADAMENTE 32
PORCIONES PEQUEÑAS

reguiletes de salmón y queso a las hierbas

Salmón ahumado, 185 g
(6 oz), finamente rebanado

Queso crema, 125 g (¼ lb),
a temperatura ambiente

Albahaca fresca,
1 cucharadita, picada grueso

Cebollín fresco,
2 cucharaditas, cortado
grueso

Pimienta blanca molida

Tortillas de harina, 4, cada
una de 20 cm (8 in) de
diámetro

RINDE
APROXIMADAMETE
24 REGUILETES

1 Mezcle el relleno
Separe tres cuartas partes de las rebanadas más
grandes de salmón ahumado. Coloque las rebanadas
restantes en un procesador de alimentos con el queso crema,
albahaca, cebollín y ¼ cucharadita de pimienta. Pulse para
mezclar.

2 Arme los reguiletes
Unte cada tortilla con una cuarta parte de la mezcla
de queso. Divida las rebanadas de salmón restantes entre las
4 tortillas, colocando el salmón horizontalmente de un lado a
otro de cada tortilla. Empezando desde una orilla, enrolle
cada tortilla firmemente. Recorte las puntas y corte cada
tortilla enrollada en 6 rebanadas. Acomode los reguiletes
sobre un platón con el lado cortado hacia arriba y sirva.

sugerencia del chef

Una vez que estén totalmente
frías, las nueces se pueden
almacenar en un recipiente
hermético o en una bolsa de
plástico para congelar alimentos
a temperatura ambiente hasta
por 2 días, o refrigerar hasta por
dos semanas. Recuerde dejar
reposar las nueces a
temperatura ambiente antes de
servirlas.

nueces asadas a las especias

1 Prepare los sazonadores

Precaliente el horno a 180°C (350°F). Cubra con papel aluminio una charola para hornear con borde. En una olla grande sobre fuego medio mezcle la mantequilla, curry en polvo, 2 cucharaditas de sal, canela, comino, pimienta de cayena y azúcar moscabado. Cocine durante 2 ó 3 minutos, moviendo ocasionalmente, sólo hasta que la mantequilla se derrita y los sabores se liberen.

2 Ase las nueces

Usando una espátula agregue las nueces a la mezcla de especias y revuelva hasta cubrir uniformemente. Extienda las nueces en una sola capa sobre la charola para hornear preparada. Hornee alrededor de 15 minutos, hasta que estén doradas. Resbale el papel aluminio y las nueces hacia una rejilla de alambre y deje enfriar por completo antes de servir.

Mantequilla sin sal, 4 cucharadas (60 g/2 oz)

Curry en polvo, 1 cucharada

Sal

Canela molida, ½ cucharadita

Comino molido, ½ cucharadita

Pimienta de cayena, 1 cucharadita

Azúcar moscabado, 1 cucharada compacta

Nueces pecanas o mezcla de nueces, 500 g (1 lb)

RINDE APROXIMADAMENTE 4 TAZAS (500 G/1 LB)

brochetas
caprese

Bolas muy pequeñas de queso mozzarella fresco, 12, partidas a la mitad

Jitomates cereza, 12, partidos longitudinalmente

Hojas de albahaca fresca, 12 grandes, troceadas a la mitad

Aceite de oliva para rociar

Sal y pimienta recién molida

RINDE
APROXIMADAMENTE
24 BROCHETAS

1 Arme las brochetas
Ensarte medio jitomate, media bola de queso mozzarella y media hoja de albahaca en un palillo de madera. Repita la operación para hacer las demás brochetas. Acomode sobre un platón y rocíe con el aceite de oliva. Sazone generosamente con sal y pimienta; sirva. (Las brochetas se pueden tapar y refrigerar hasta por 2 horas; sirva frías o a temperatura ambiente).

sugerencia del chef

Si no puede encontrar *bocconcini* (bolas muy pequeñas de queso mozzarella) en su supermercado local, puede usar queso mozzarella fresco en pieza. Usando un cuchillo filoso de chef corte el queso mozzarella en rebanadas de 12 mm (½ in) y corte cada rebanada en cubos de 12 mm (½ in).

sugerencia del chef

El lemongrass o té limón se puede encontrar en muchos mercados, pero si no lo encuentra sustituya

por una cucharada de jugo de limón amarillo y 2 cucharaditas de ralladura de limón. Agregue el jugo y la ralladura a la mezcla de carne de puerco en el paso 2.

tacos de
lechuga tai

1 Cocine la carne de puerco y las salchichas

En una sartén sobre fuego medio-bajo cocine la carne de puerco y las salchichas alrededor de 8 minutos, moviendo para separar la carne, hasta que no quede ningún rastro de color rosado. Usando una cuchara ranurada pase a una capa doble de toallas de papel y deje enfriar durante 5 minutos. Desmorone en trozos pequeños.

2 Arme las copitas de lechuga

En un tazón integre la mezcla de carne de puerco con las cebollas, pimiento, lemongrass, menta, aceite de ajonjolí, salsa de soya, salsa de pescado y semillas de ajonjolí. Coloque aproximadamente 2 cucharadas de la mezcla de puerco en el centro de cada hoja de lechuga. Acomode las tacos sobre un platón y sirva.

Carne de puerco molida, 75 g (¾ lb)

Salchichas dulces y picantes, 375 g (¾ lb), sin cubierta

Cebollitas de cambray, 4, únicamente sus partes blancas y de color verde claro, finamente rebanadas

Pimiento (capsicum) rojo, ½, sin semillas y finamente picado

Lemongrass (té limón), 1 tallo, únicamente la parte de su bulbo, limpio y finamente picado

Menta fresca, 1 cucharadita, finamente picada

Aceite asiático de ajonjolí, 2 cucharaditas

Salsa de soya, 2 cucharaditas

Salsa asiática de pescado, 2 cucharaditas

Semillas de ajonjolí, 2 cucharaditas

Lechuga francesa (Boston), 2 ó 3 cabezas, separadas en aproximadamente 22 hojas

RINDE APROXIMADAMENTE 22 TACOS DE LECHUGA

sándwiches de pavo y queso manchego

Baguette reposada o estilo francés, 24 rebanadas, cada una de aproximadamente 12 mm (½ in) de grueso

Mayonesa, ½ taza (125 ml/4 fl oz)

Mostaza de grano entero, ⅓ taza (90 g/3 oz)

Pavo ahumado, 155 g (5 oz), finamente rebanado

Queso manchego o pecorino añejo, 155 g (5 oz), finamente rebanado

Arúgula (rocket) u hojas de espinaca miniatura, 2 tazas (60 g/2 oz)

RINDE
APROXIMADAMENTE
12 SÁNDWICHES

1 Arme los sándwiches
Unte cada rebanada de baguette con aproximadamente una cucharadita de mayonesa y unte la mitad de las rebanadas con mostaza. Divida el pavo, queso y arúgula entre las rebanadas sin mostaza y cubra con las demás rebanadas de baguette. Acomode sobre un platón y sirva.

sugerencia del chef

Hay muchos ingredientes que también se pueden usar para hacer estos sándwiches. Experimente con sus embutidos favoritos o prepare un sándwich de salmón ahumado y queso crema con hortalizas crujientes.

sugerencia del chef

La páprika ahumada le
proporciona un sabor ahumado
complejo a los garbanzos fritos.
Busque esta variedad en tiendas
especializadas en ingredientes
hispanos. Las mejores
variedades vienen de España en
donde se conoce como
pimentón. Si no lo encuentra,
use páprika picante húngara.

garbanzos
fritos

1 Seque los garbanzos y caliente el aceite

Precaliente el horno a 95°C (200°F). Acomode una capa doble de toallas de papel sobre una charola para hornear con borde y meta al horno. Sobre otra capa de toallas de papel extienda los garbanzos y ruédelos ligeramente para secarlos. Coloque una sartén gruesa sobre fuego alto. Agregue la misma cantidad de aceite de oliva y de aceite de canola hasta alcanzar aproximadamente 2 cm (¾ in) de profundidad en la sartén. Caliente el aceite hasta que registre 180°C (350°F) en un termómetro de fritura profunda.

2 Cocine los garbanzos

Agregue la mitad de los garbanzos al aceite caliente y fría durante 2 ó 3 minutos, moviendo ocasionalmente, hasta que se doren y esponjen ligeramente. Ajuste el fuego para mantener la temperatura del aceite en 180°C (350°F). Usando una espátula ranurada pase los garbanzos a la charola forrada con toallas de papel, sazone con sal y pimienta y mantenga calientes en el horno. Repita la operación con los garbanzos restantes. Agregue la segunda porción de garbanzos a la primera, mezcle con la páprika y sirva.

Garbanzos, 2 latas (485 g/15 ½ oz cada una), enjuagados y escurridos

Aceite de oliva para freír

Aceite de canola para freír

Sal gruesa y pimienta recién molida

Páprika ahumada, ½ cucharadita

RINDE APROXIMADAMENTE 2 TAZAS (370 G/12 OZ)

ensalada de cangrejo con endibia

Bulbo de hinojo, ½, limpio, partido longitudinalmente en cuartos y picado finamente

Carne de cangrejo fresco, 250 g (½ lb), limpio

Chalote, 1, finamente picado

Cebollín fresco, 1 cucharada, finamente cortado, más el necesario para adornar

Perejil liso (italiano) fresco, 1 cucharada, finamente picado

Mayonesa, 2 cucharadas

Crème fraîche o crema ácida, 1 cucharada

Jugo de 1 limón

Sal y pimienta blanca molida

Endibia belga (achicoria/witloof), 6 cabezas grandes

24 PORCIONES

1 Prepare la ensalada de cangrejo
En un tazón mezcle el hinojo con la carne de cangrejo, chalote, una cucharada de cebollín, perejil, mayonesa, crème fraîche, jugo de limón, ¼ cucharadita de sal y ¼ cucharadita de pimienta. Pruebe y rectifique la sazón si fuera necesario.

2 Arme la ensalada
Recorte las raíces de las cabezas de endibia y separe en puntas. Acomode 24 de las puntas más grandes sobre un platón. Usando una cuchara coloque una cantidad generosa de ensalada de cangrejo sobre la parte ancha de cada punta de endibia, adorne con el cebollín restante y sirva.

sugerencia del chef

Usted puede variar el sabor de esta quesadilla sustituyendo el chorizo por salchichas o salami con pimienta. Si usa algún embutido de puerco, omita la primera parte y simplemente córtelo en dados pequeños.

quesadillas de queso y chorizo

1 Fría el chorizo

En una sartén grande sobre fuego medio cocine el chorizo alrededor de 6 minutos, hasta que se dore, moviéndolo para desbaratarlo. Usando una cuchara ranurada pase a un plato forrado con toallas de papel y deje enfriar durante 5 minutos. Usando sus manos desmorone en trozos pequeño. En un tazón mezcle el queso de jalapeño con el cheddar, cebollitas de cambray y chorizo cocido.

2 Cocine las quesadillas

Limpie la sartén del chorizo con toallas de papel, agregue una cucharadita del aceite de canola y coloque sobre fuego medio-bajo. Trabajando en tandas coloque una tortilla en la sartén y espolvoree con una cuarta parte de la mezcla de queso y chorizo uniformemente sobre la tortilla, dejando descubierta una orilla de 12 mm (½ in). Cubra con otra tortilla. Cocine alrededor de 2 minutos, presionando ocasionalmente con una espátula, hasta que se dore por el primer lado. Usando una espátula grande voltee cuidadosamente la quesadilla y cocine por el otro lado alrededor de un minuto más, hasta que se dore y el queso se derrita. Repita la operación para hacer 4 quesadillas en total. Corte cada quesadilla en rebanadas y acomode sobre un platón Espolvoree con el queso fresco y el cilantro; y sirva.

Chorizo fresco en pieza, 125 g (¼ lb), sin piel

Queso Jalapeño Jack o queso blanco con chile jalapeño, 1⅓ taza (155 g/ 5 oz), rallado grueso

Queso cheddar blanco, 1⅓ taza (155 g/5 oz), rallado grueso

Cebollitas de cambray, 4, únicamente sus partes blancas y color verde claro, muy finamente rebanadas

Aceite de canola para freír

Tortillas de harina, 8, cada una de aproximadamente 20 cm (8 in) de diámetro

Queso fresco, 1 taza (155 g/5 oz), desmoronado

Cilantro fresco, ¼ taza (10 g/⅓ oz), picado grueso

RINDE
APROXIMADAMENTE
24 REBANADAS

37

jitomates rellenos de queso de cabra

Queso fresco de cabra,
125 g (¼ lb), a temperatura
ambiente

Queso crema, 90 g (3 oz), a
temperatura ambiente

Crema ácida, 2 cucharadas

Jitomates cereza, 2½ tazas
(400 g/16 oz),
aproximadamente 40,
recortando la punta de
floración

Cebollín fresco,
2 cucharadas, finamente
cortado

RINDE
APROXIMADAMENTE
40 JITOMATES

1 Mezcle el relleno

En un procesador de alimentos mezcle el queso de
cabra, queso crema y crema ácida. Procese hasta obtener una
mezcla tersa, bajando lo que queda en los lados si fuera
necesario.

2 Rellene los jitomates

Usando la punta pequeña de un cortador para hacer
bolitas de melón saque cuidadosamente las semillas y corazón
de cada jitomate. Acomode los jitomates con el lado cortado
hacia arriba sobre una tabla de picar. Usando 2 cucharas
pequeñas coloque aproximadamente una cucharadita del
relleno de queso de cabra dentro de cada jitomate,
sobrellenándolos ligeramente. Pase a un platón, espolvoree con
el cebollín y sirva.

sugerencia del chef

Para hacer los jitomates rellenos con anticipación, prepare la receta hasta el paso 1. Ahueque los jitomates y acomode, con el lado cortado hacia abajo, sobre una charola para hornear cubierta con toallas de papel. Cubra con plástico adherente y refrigere, tape y refrigere el relleno de queso de cabra hasta por 3 horas. Rellene los jitomates antes de servir.

sugerencia del chef

Por lo general los duraznos se
pelan blanqueándolos y retirando
su piel con los dedos. Si no tiene
tiempo para blanquearlos,
pártalos longitudinalmente a la
mitad y, usando un pelador de
verduras o cuchillo mondador
filoso, retire piel en tiras largas.

duraznos con prosciutto y menta

1 Corte los duraznos y el prosciutto
Parta cada durazno a la mitad y retire el hueso. Corte cada mitad de durazno en 4 rebanadas iguales. Corte cada rebanada de prosciutto longitudinalmente en 3 tiras.

2 Arme los bocadillos
Coloque una hoja de menta sobre cada rebanada de durazno y envuelva con una tira de prosciutto. Si lo desea, asegure con un palillo de madera. Pase a un platón y sirva.

Duraznos amarillos o blancos, 3, sin piel si lo desea

Prosciutto, 8 rebanadas delgadas

Hojas de menta fresca, 24

RINDE 24 PIEZAS

30 minutos
de principio a fin

crostini con filete y crema de rábano picante

Filete de falda, 750 g
(1½ lb), sin grasa

Aceite de oliva,
3 cucharadas

Sal y pimienta recién molida

Rábano picante preparado,
2 cucharadas

Crema ácida, 3 cucharadas

Baguette reposada o pan francés, corte en rebanadas de 12 mm (½ in) de grueso

Páprika para adornar

RINDE
APROXIMADAMENTE
28 CROSTINI

1 Sazone la carne
Precaliente el horno a 180°C (350°F). Coloque una rejilla dentro de una charola para asar. Barnice ambos lados de la carne con una cucharada del aceite. Sazone generosamente con sal y pimienta. Coloque sobre la rejilla y deje reposar a temperatura ambiente. En un tazón pequeño bata el rábano picante con la crema ácida.

2 Prepare los crostini
Acomode las rebanadas de baguette sobre una charola para hornear y barnice ligeramente con el aceite de oliva restante. Sazone con sal y pimienta. Hornee durante 10 ó 15 minutos, hasta dorar. Pase a un platón.

3 Cocine la carne
Precaliente el asador de su estufa. Ase la carne alrededor de 6 minutos por lado, hasta que esté firme pero aún ligeramente rosada en el centro. Deje reposar durante 5 minutos. Corte el filete en el sentido del grano en rebanadas de aproximadamente 5 cm (2 in) de grueso y después transversalmente en contra del grano. Acomode 1 ó 2 rebanadas sobre cada crostini, cubra con una cucharada de la crema de rábano picante y espolvoree con páprika. Pase a un platón y sirva a temperatura ambiente.

sugerencia del chef

En vez de servir estos crostini de falda con crema de rábano picante los puede servir bañados con un alioli de ajo picante. Para preparar un alioli rápido, mezcle una cucharadita de ajo finamente picado con ½ cucharadita de páprika y ½ taza (25 ml/4 fl oz) de mayonesa de buena calidad y sazone con sal al gusto.

sugerencia del chef

En vez de usar hojuelas de camote frito, use tortillas de maíz de 20 cm (8 in) de diámetro, cortadas en rebanadas. Apile las tortillas y, usando un cuchillo filoso, corte la pila a la mitad. Posteriormente, corte cada mitad en 8 rebanadas y continúe cocinando como se indica en el paso 1. O, si lo desea, puede sustituirlos por papas fritas compradas de su elección.

guacamole con hojuelas de camote frito

1 Prepare las hojuelas de camote

Precaliente el horno a 260°C (500°F). Barnice ligeramente 2 charolas para hornear con aceite de oliva. Acomode las rebanadas de camote en una sola capa sobre las charolas preparadas y rocíe con el aceite de oliva restante. Hornee alrededor de 10 minutos, hasta que las rebanadas estén doradas y crujientes. Voltee las rebanadas, rote las charolas y cocine alrededor de 10 minutos más, hasta que estén doradas y crujientes por el otro lado. Pase a toallas de papel y deje escurrir. Sazone con sal y deje reposar a temperatura ambiente durante 5 minutos. Pase a un platón.

2 Prepare el guacamole

Mientras tanto, saque la pulpa de las mitades de aguacate y coloque en un tazón. Presione con un tenedor. Agregue la cebolla, cilantro, chile, jugo de limón y ½ cucharadita de sal. Mezcle. Adorne con el chalote y las hojas de cilantro. Sirva en un tazón junto a las hojuelas.

Aceite de oliva, 2 cucharadas

Camotes, 500 g (1 lb), sin piel, partidos longitudinalmente a la mitad y cortados transversalmente en rebanadas muy delgadas

Sal

Aguacates, 2, partidos a la mitad y sin hueso

Cebolla blanca, 2 cucharadas, muy finamente picada

Cilantro fresco, ¼ taza (10 g/⅓ oz), finamente picado

Chile serrano, ½ pequeño, sin semillas y muy finamente picado

Jugo de un limón agrio

Chalote, 2 cucharadas, finamente picado

Hojas de cilantro fresco, ¼ taza (7 g/¼ oz)

RINDE
APROXIMADAMENTE 2
TAZAS (500 G/16 OZ)
DE GUACAMOLE

rollos primavera
con salsa de cilantro y limón

Camarones medianos (langostinos), 500 g (1 lb), aproximadamente 24, sin piel, limpios y cocidos

Cebollitas de cambray, 6, únicamente las partes blancas y de color verde claro, finamente rebanadas

Cilantro fresco, 3 cucharadas, picado

Jugo de limón agrio, ½ taza (125 ml/4 fl oz)

Azúcar moscabado, 2 cucharadas compactas

Salsa asiática de pescado, 3 cucharadas

Vinagre de arroz, 1 cucharada

Ajo, 1 diente, finamente picado

Círculos de papel arroz, 12

Pepino, 1, sin piel, partido longitudinalmente a la mitad, sin semillas y finamente rebanado

Vermicelli seco o fideo de arroz duro, 125 g (4 oz), remojado en agua caliente durante 15 minutos y escurrido

RINDE 12 ROLLOS
PRIMAVERA

1 Prepare el relleno y la salsa

En un tazón mezcle los camarones con las cebollitas y 2 cucharadas del cilantro. En otro tazón bata el jugo de limón con el azúcar moscabado, salsa de pescado, vinagre, ajo y la cucharada restante de cilantro, hasta que se disuelva el azúcar. Deje reposar durante 5 minutos.

2 Arme los rollos

Tenga a la mano un tazón grande y poco profundo con agua caliente y remoje una toalla de cocina. Sumerja cada círculo de papel arroz en el agua durante 2 ó 3 segundos. Extiéndalo sobre la toalla; se harán flexibles en unos cuantos segundos. Divida la mezcla de camarones poniéndola horizontalmente cerca de la base de cada círculo de papel arroz. Cubra con algunas rebanadas de pepino y un poco de fideo. Levante la orilla de la base del papel arroz sobre el relleno compactándolo suave pero firmemente. Doble los lados y enrolle el papel arroz hacia la orilla opuesta, compactando suavemente una vez más. Usando un cuchillo filoso corte cada rollo diagonalmente a la mitad. Acomode sobre un platón y acompañe con la salsa de remojo.

sugerencia del chef

Si lo desea, puede comprar salsa
fresca de mango para usar en
vez de la salsa de piña. La salsa
de piña se puede preparar hasta
con 4 horas de anticipación y
refrigerar. Si se almacena
durante más tiempo la piña se
puede hacer aguada.

carne de puerco asada con salsa de piña

1 Marine el puerco

Coloque 22 pinchos de bambú para brochetas en agua durante 20 minutos. Prepare un asador de gas o carbón para asar directamente sobre fuego medio. O, si lo desea, precaliente el asador de su estufa. En un tazón grande mezcle la carne de puerco con el aceite de oliva y el ajo. Sazone generosamente con sal y pimienta; mezcle. Deje reposar durante 15 minutos.

2 Prepare sus condimentos

Mientras tanto, en un tazón de cerámica mezcle la piña con la cebolla, pimiento, menta, cilantro y ¼ cucharadita de sal. Reserve mientras cocina el puerco.

3 Cocine el puerco

Ensarte 3 cubos de carne de puerco en cada pincho para brocheta, apretándolos tensamente. Coloque las brochetas sobre la parrilla del asador y cocine alrededor de 6 minutos, volteando las brochetas a la mitad de la cocción, hasta que estén firmes y ligeramente doradas. O, si lo desea, acomode las brochetas sobre una charola para asar y ase, alrededor de 6 minutos, volteándolas a la mitad de la cocción. Pase las brochetas a un platón y sirva acompañando con la salsa.

Filete de puerco sin hueso, 500 g (1 lb), cortado en cubos de 2 cm (¾ in)

Aceite de oliva, 2 cucharadas

Ajo, 2 dientes, finamente rebanados

Sal y pimienta recién molida

Piña, 1 ½ taza (280 g/9 oz), finamente picada

Cebolla morada, ½, finamente picada

Pimiento (capsicum) rojo grande, ½, finamente picado

Hojas de menta fresca, 6, finamente picadas

Cilantro fresco, 2 cucharaditas, finamente picado

RINDE
APROXIMADAMENTE
22 BROCHETAS

51

brochetas de camarón con aceite de albahaca

Hojas de albahaca fresca, ½ taza (15 g/½ oz)

Aceite de oliva extra virgen, ⅔ taza (160 ml/ 5 fl oz)

Camarones grandes (langostinos), 750 g (1 ½ lb), sin piel y limpios

Sal y pimienta recién molida

RINDE
APROXIMADAMENTE
28 BROCHETAS

1 Prepare el aceite de albahaca

Ponga a hervir agua en una olla pequeña. Agregue la albahaca, mezcle una vez para sumergirla y cocine durante 45 segundos. Escurra en un colador y enjuague bajo el chorro de agua fría para detener la cocción. Presione las hojas de albahaca en una toalla de papel para extraer toda el agua posible. En un procesador de alimentos pequeño mezcle la albahaca con el aceite de oliva. Pulse hasta integrar por completo, bajando la mezcla que quede en los lados del recipiente.

2 Cocine los camarones

Precaliente el asador. Coloque una rejilla sobre una canasta para hornear. Ensarte 2 camarones en cada brocheta, pasándola por la cola y por la cabeza de cada camarón. Coloque sobre la rejilla. Barnice los camarones con un poco del aceite de albahaca y sazone ligeramente con sal y pimienta. Ase los camarones alrededor de 4 minutos, sin voltear, hasta que estén firmes y rosados. Pase a un platón, rocíe con un poco más de aceite de albahaca y sirva.

sugerencia del chef

Esta técnica se puede usar para otras hierbas más firmes como el romero. En una olla pequeña hierva una taza (250 ml/8 fl oz) de aceite de oliva de buena calidad y 2 ramas de romero. Retire del fuego y deje reposar durante 15 minutos. Retire el romero antes de usar. Combine con cordero, pollo o pescado asado.

sugerencia del chef

Forme las albóndigas suavemente. Esto evita que la carne se compacte y absorba la temperatura de

sus manos, asegurándole un resultado más ligero y suave. Mantenga un tazón de agua cerca de usted y humedezca sus manos ocasionalmente para hacer albóndigas tersas. Las albóndigas crudas se pueden refrigerar hasta por 4 horas. Retírelas del refrigerador 15 minutos antes de cocerlas. También se pueden congelar hasta por un mes. Descongele antes de cocinar.

albóndigas de cordero
con raita de cilantro

1 Forme las albóndigas

Precaliente el asador. Engrase ligeramente con aceite una charola para hornear con borde. En una sartén sobre fuego medio-bajo caliente el aceite de oliva. Agregue la cebolla y cocine alrededor de 5 minutos, moviendo ocasionalmente, hasta que esté suave. Pase la cebolla a un tazón grande y agregue el cordero, huevos, perejil, migas de pan, comino, tres cuartas partes del ajo, una cucharadita de sal y ½ cucharadita de pimienta. Usando sus manos mezcle los ingredientes. Forme bolas del tamaño de una nuez con la mezcla rodándolas ligeramente entre las palmas de sus manos. Coloque sobre la charola para hornear preparada.

2 Cocine las albóndigas

Ase las albóndigas durante 8 ó 10 minutos, volteando una sola vez, hasta que estén doradas y crujientes.

3 Prepare la raita

Mientras tanto, en un tazón pequeño bata el yogurt con el cilantro, ajo restante y ¼ cucharadita de sal. Asegure cada albóndiga con un palillo de madera, coloque sobre un platón y sirva acompañando con la raita.

Aceite de oliva, 2 cucharadas

Cebolla amarilla, 1 pequeña, finamente picada

Carne molida de cordero, 500 g (1 lb)

Huevos, 2, ligeramente batidos

Perejil liso (italiano) fresco, ½ 2 taza (20 g/³⁄₄ oz), finamente picado

Migas finas de pan seco, 2 cucharadas

Comino molido, 1 cucharadita

Ajo, 4 dientes grandes, finamente picados

Sal y pimienta recién molida

Yogurt simple, 1 taza (250 g/8 oz)

Cilantro fresco, 2 cucharadas, finamente picado

RINDE
APROXIMADAMENTE
42 ALBÓNDIGAS

55

alcachofas con alioli de limón

Limón amarillo, 1

Alcachofas miniatura, 14

Aceite de oliva, ¼ taza
(60 ml/2 fl oz)

Sal y pimienta recién molida

Mayonesa, ⅔ taza
(160 ml/5 fl oz)

Ajo, 1 diente, finamente picado

RINDE 28 PIEZAS

1 Recorte las alcachofas

Prepare una cucharadita de ralladura del limón y reserve. Parta el limón a la mitad, reserve una mitad y exprima 2 cucharaditas de jugo de la otra mitad. Reserve el jugo y ambas mitades de limón. Desprenda las hojas duras de la superficie de cada alcachofa y recorte las puntas filosas y el tallo. Retire las porciones fibrosas que haya alrededor de la base. Parta las alcachofas a la mitad. A medida que trabaje frote todas las porciones cortadas con la mitad de limón reservada.

2 Cocine las alcachofas

Ponga a hervir agua ligeramente salada en una olla grande. Agregue las dos mitades de limón y las alcachofas, reduzca el fuego a medio y hierva lentamente alrededor de 6 minutos, hasta que las bases estén suaves. Escurra en un colador y enjuague bajo el chorro de agua fría para detener la cocción. Deseche las mitades de limón. Precaliente una plancha para asar sobre fuego medio. En un tazón mezcle las mitades de alcachofa con el aceite de oliva hasta cubrir uniformemente. Sazone con sal y pimienta y vuelva a mezclar. Coloque las alcachofas en la plancha para asar y cocine alrededor de 10 minutos, volteando ocasionalmente, hasta que estén crujientes y tengan las marcas de la plancha para asar.

3 Prepare el alioli

Mientras tanto, bata en un tazón la mayonesa con el ajo y la ralladura y jugo de limón reservados. Pase las alcachofas a un platón y acompañe con el alioli.

sugerencia del chef

Prepare una rápida y sazonada salsa de remojo de limón para acompañar el fritto misto. Mezcle ½ taza (125 ml/4 fl oz) de mayonesa con una cucharada de jugo de limón amarillo y ½ cucharadita de pimienta de cayena; sazone al gusto con sal y pimienta negra recién molida.

fritto misto

1 Caliente el aceite

Precaliente el horno a 120°C (250°F). Cubra una charola para hornear con toallas de papel, coloque una rejilla sobre las toallas y meta al horno. Vierta aceite de oliva en una olla grande y gruesa hasta obtener una profundidad de 5 cm (2 in). Coloque sobre fuego alto y caliente hasta que el aceite registre 200°C (400°F) en un termómetro de fritura profunda.

2 Cocine los mariscos

En un tazón grande y poco profundo bata la harina con una cucharadita de sal y la misma cantidad de pimienta. Trabajando en tandas pequeñas, cubra los calamares y los camarones con la mezcla de harina, cubriéndolos uniformemente y sacudiendo el exceso. Usando una espumadera de alambre presione los mariscos para sumergirlos en el aceite caliente. Fría durante 3 ó 4 minutos, volteando una sola vez, hasta que se doren. Usando la espumadera retire los mariscos del aceite, coloque sobre la charola para hornear preparada y meta al horno caliente. Deje que el aceite vuelva a registrar los 200°C (400°F) antes de cocinar otra tanda. Pase los mariscos a un platón, adorne con las rebanadas de limón y sirva.

Aceite de cacahuate para freír

Harina preparada para pastel (trigo suave), 2 tazas (250 g/8 oz**)**

Sal y pimienta recién molida

Cuerpos y tentáculos de calamar, 375 g (¾ lb), sus cuerpos cortados transversalmente en anillos

Camarones medianos (langostinos), 375 g (¾ lb) sin piel y limpios, con sus colas intactas

Limón amarillo, 1, sin puntas y muy finamente rebanado

RINDE
APROXIMADAMENTE
40 PIEZAS

tortitas de papa con salmón ahumado

Papas pequeñas para hornear, 625 g (1 ¼ lb), sin piel

Harina, ½ taza (75 g/ 2 ½ oz)

Cebolla amarilla o blanca, ½ pequeña, rallada

Sal y pimienta blanca molida

Huevo, 1, ligeramente batido

Aceite de oliva, 1 cucharada

Mantequilla sin sal, 1 cucharada, derretida

Crème fraîche o crema ácida, 1 taza (250 g/8 oz)

Salmón ahumado, 185 g (6 oz), cortado en rebanadas

Cebollín fresco, 1 cucharada, finamente cortado

RINDE
APROXIMADAMENTE
24 TORTITAS

1 Prepare las tortitas

En una sartén ponga a hervir agua ligeramente salada. Agregue las papas y cocine alrededor de 10 minutos, hasta que estén casi suaves. Escurra en un colador y enjuague bajo el chorro de agua fría para detener la cocción. Escurra y seque con toallas de papel. Usando los orificios más grandes de un rallador manual ralle las papas hacia un tazón grande. Agregue la harina, cebolla, ½ cucharadita de sal y ¼ cucharadita de pimienta; mezcle con un tenedor. Integre el huevo. Usando sus manos ligeramente enharinadas haga bolas del tamaño de una nuez con la mezcla, rodándolas entre las palmas de sus manos y aplane para hacer tortitas.

2 Cocine las tortitas

En un tazón pequeño mezcle el aceite de oliva con la mantequilla. Coloque una sartén grande sobre fuego medio y barnice generosamente con la mezcla de mantequilla. Trabajando en tandas, cocine las tortitas durante 4 ó 5 minutos por lado, hasta que estén doradas y crujientes. Pase a un plato cubierto con toallas de papel. Cubra cada tortita con una cucharada de la crème fraîche y algunas rebanadas de salmón. Acomode sobre un platón de servicio, espolvoree con el cebollín y sirva.

sugerencia del chef

Una vez que las tortitas estén
cocidas, deje reposar
ligeramente sobre un plato
cubierto con toallas de papel
para que absorban el exceso de
aceite antes de servirlas.
También se pueden mantener
calientes en el horno a 95°C
(200°F), aunque pueden perder
un poco de su consistencia
crujiente.

sugerencia del chef

Usar dátiles deshuesados agiliza la preparación. Si no los encuentra, use un cuchillo pequeño y filoso para hacer una abertura en uno de los lados de cada dátil y retire el hueso. El tocino ayudará a sellar el dátil de manera que el queso no se derrame y cubrirá los bordes desiguales.

dátiles asados con queso parmesano y tocino

1 Prepare el relleno

Precaliente el horno a 200°C (400°F) y coloque una charola para hornear dentro del horno. En un tazón pequeño mezcle el queso parmesano con el queso crema y revuelva hasta suavizar.

2 Rellene los dátiles

Rebane cada dátil a lo largo de uno de sus lados para hacer una bolsa e inserte 1 ó 2 cucharaditas del relleno de queso. Enrolle un trozo de tocino alrededor de cada dátil relleno. El tocino debe cubrir la abertura del dátil y sobreponerse ligeramente. Asegure los dátiles con un pequeño pincho para brocheta o un palillo de madera. (Los dátiles se pueden refrigerar durante toda la noche; deje reposar a temperatura ambiente alrededor de 15 minutos antes de asarlos.)

3 Cocine los dátiles

Usando unas pinzas coloque los dátiles sobre la charola para asar caliente. Ase durante 15 ó 20 minutos, hasta que el tocino esté crujiente. Pase a un platón y sirva de inmediato.

Queso parmesano, 125 g (¼ lb), rallado grueso

Queso crema, 2 cucharadas, a temperatura ambiente

Dátiles deshuesados, de preferencia Medjool, 18

Tocino con poca grasa, 6 rebanadas, cada una cortada transversalmente en 3 trozos

RINDE 18 DÁTILES

alitas de pollo al tamarindo

Alitas de pollo, 24, secar con una toalla de cocina

Sal y pimienta recién molida

Aceite de canola, ¼ taza (60 ml/2 fl oz)

Ajo, 4 dientes grandes, finamente picados

Pasta o concentrado de tamarindo, 3 cucharadas

Vinagre de vino tinto, 3 cucharadas

Miel de abeja, 3 cucharadas

Cebollitas de cambray, 4, únicamente sus partes blanca y de color verde claro, finamente picadas

RINDE 24 ALITAS

1 Glasee el pollo

En un tazón grande de vidrio o cerámica mezcle el pollo con ¾ cucharadita de sal y ¼ cucharadita de pimienta. En una sartén grande sobre fuego medio-bajo caliente el aceite. Cocine el ajo cerca de 2 minutos, moviendo constantemente, hasta que esté translúcido. Retire del fuego, agregue la pasta de tamarindo y el vinagre. Bata hasta obtener una mezcla tersa. Reserve ¼ taza (60 ml/2 fl oz) del glaseado para barnizar. Agregue el pollo a la sartén con el glaseado restante y mezcle para cubrir.

2 Cocine el pollo

Precaliente el horno a 200ºC (400ºF). Pase el pollo a una charola para hornear, desechando la marinada de la sartén. Ase durante 10 minutos, volteando ocasionalmente. Integre la miel de abeja con el glaseado reservado. Continúe asando alrededor de 15 minutos más, barnizando el pollo y volteándolo ocasionalmente, hasta que esté firme y dorado. Pase a un platón, adorne con las cebollitas de cambray y sirva.

sugerencia del chef

Para obtener un sabor más fuerte y concentrado, coloque las alitas en una bolsa con cierre hermético especial para congelar alimentos o en un plato tapado y marine durante toda la noche dentro del refrigerador. Deje reposar fuera del refrigerador hasta que alcance la temperatura ambiente antes de asar.

sugerencia del chef

Para obtener los mejores resultados, use charolas para hacer mantecadas miniatura con base antiadherente, de manera que los popovers se puedan sacar fácilmente del molde. Si por algún motivo los popovers se pegan, saque cuidadosamente con una espátula pequeña para betún ya que un cuchillo mondador puede rallar el molde.

popovers de queso gruyere y cebollín

1 Prepare la masa

Precaliente el horno a 230ºC (450ºF). Engrase generosamente con aceite 2 charolas para hacer mantecadas. En un tazón grande bata la harina con ½ cucharadita de sal, ¼ cucharadita de pimienta y el cebollín. En una jarra grande para medir líquidos bata la leche con los huevos y la mantequilla. Vierta los ingredientes líquidos sobre los ingredientes secos y bata hasta que se empiecen a integrar (no se preocupe si quedan algunos grumos).

2 Hornee los popovers

Rellene los moldes para hacer mantecadas hasta aproximadamente 6 mm (¼ in) por debajo de la orilla. Coloque una cucharadita rasa de queso rallado en el centro de cada molde relleno con la masa. Hornee, sin abrir la puerta del horno, durante 10 minutos. Reduzca la temperatura del horno a 180ºC (350ºF) y hornee durante 8 ó 10 minutos más, hasta que los popovers estén dorados, crujientes y esponjados. Pase a un platón y sirva calientes.

Aceite de canola para engrasar

Harina, 1 taza (155 g/5 oz)

Sal y pimienta recién molida

Cebollín fresco, 1 cucharada, finamente cortado

Leche, 1 ¼ taza (310 ml/ 10 fl oz), a temperatura ambiente

Huevos, 2, a temperatura ambiente

Mantequilla sin sal, 1 cucharada, derretida

Queso gruyere, 90 g (3 oz), rallado toscamente

RINDE 24 POPOVERS

callo de hacha con mango y aguacate

Callo de hacha de bahía o de mar, 625 g (1 ¼ lb), sin músculos

Aceite de canola, 1 ó 2 cucharadas

Jugo de 7 u 8 limones agrios (1 ¼ taza/310 ml/ 10 fl oz)

Cilantro fresco, 1 ½ cucharada, finamente picado

Sal y pimienta molida

Hojuelas de chile rojo, ¾ cucharadita

Salsa picante como la Tabasco, al gusto

Mango, 1, sin piel, sin hueso y cortado en cubos pequeños

Aguacate, 1, sin hueso, sin piel y cortado en cubos pequeños

Aceite de oliva para rociar

RINDE
APROXIMADAMENTE
4 TAZAS

1 Cocine el callo de hacha

Si usa callo de hacha de mar, corte horizontalmente a la mitad. En una sartén grande sobre fuego medio-alto caliente una cucharada del aceite de canola hasta que esté caliente pero no humee. Trabajando en tandas para no amontonar demasiado la sartén, selle el callo de hacha durante 1 ó 2 minutos de cada lado, agregando más aceite si fuera necesario. Pase el callo de hacha sellado a un plato.

2 Marine el callo de hacha

En un tazón de vidrio o cerámica mezcle el jugo de limón con el cilantro, 2 cucharaditas de sal, hojuelas de chile y salsa picante. Agregue el callo de hacha y mezcle. Integre cuidadosamente el mango y el aguacate. Usando una cuchara pase a copas para martini. Rocíe con aceite de oliva y sirva.

sugerencia del chef

Este platillo de inspiración peruana se puede hacer con halibut o bacalao. Sustituya el callo de hacha

con 750 g (1 ¼ lb) de filete de halibut, corte en cubos de 12 mm (½ in). Selle el halibut alrededor de un minuto por lado y continúe con la receta.

sugerencia del chef

Prepare una ración doble del pesto de berenjena y sirva sobre los crostini, tendrá 2 bocadillos en uno. Para preparar los crostini, precaliente el horno a 180°C (350°F). Acomode las rebanadas de baguette sobre una charola para hornear y barnice ligeramente con aceite de oliva. Sazone con sal y pimienta. Hornee durante 10 ó 15 minutos, hasta dorar.

polenta con pesto de berenjena

1 Prepare el pesto de berenjena

Precaliente el horno a 200°C (400°F). Mezcle la berenjena con las 2 cucharadas de aceite de oliva. Sazone generosamente con sal. Coloque en una charola para hornear con la piel hacia abajo y hornee alrededor de 20 minutos, hasta que esté suave. Deje enfriar ligeramente. En un procesador de alimentos o licuadora mezcle la berenjena con el ajo, piñones y ½ cucharadita de sal. Pulse hasta obtener una mezcla tersa. Agregue la albahaca y ⅓ taza de aceite de oliva; pulse hasta que esté terso, bajando lo que se quede en los lados del recipiente. Pase a un tazón e integre el queso usando movimiento envolvente.

2 Cocine la polenta

Mientras tanto, cubra una charola para hornear con toallas de papel. Mientras hornea la berenjena, caliente el aceite en una sartén grande sobre fuego medio. Sazone las rebanadas de polenta por ambos lados con sal y pimienta. Agregue 10 rebanadas a la sartén y cocine alrededor de 4 minutos por lado, volteando una sola vez, hasta que esté dorada. Pase a la charola para hornear para que se escurran y cocine las demás rebanadas de polenta. Acomode las rebanadas sobre un platón, cubra con una cucharada generosa del pesto de berenjena, espolvoree con pimienta y sirva.

Berenjena, 1 grande (aproximadamente 635 g/ 1¼ lb), sin piel, partida longitudinalmente en cuatro y cortada en trozos de 5 cm (2 in)

Aceite de oliva, 2 cucharadas más ⅓ taza (80 ml/3 fl oz)

Sal y pimienta recién molida

Ajo, 2 dientes, finamente picados

Piñones, 2 cucharadas

Hojas de albahaca fresca, 1 taza (30 g/1 oz)

Queso parmesano, ½ taza (30 g/1 oz), rallado

Aceite de canola, 2 cucharadas

Polenta precocida, 2 tubos (aproximadamente 530 g/ 17 oz cada uno), sin puntas y cortado en 20 rebanadas en total

RINDE 20 RODAJAS

71

gazpacho
de tomatillo

Tomatillo fresco, 500 g
(1 lb), sin piel, enjuagado y
picados grueso

Jugo de uva blanco, 1 taza
(250 ml/8 fl oz)

**Pimiento (capsicum)
verde,** 1, sin semillas y
picado grueso

Cebollitas de cambray, 5,
únicamente sus partes
blancas y de color verde claro,
rebanadas

Chile jalapeño, 1, sin
semillas y picado grueso

Jugo de limón agrio, 1 ó 2
cucharadas

Hojas de cilantro fresco,
2 cucharadas

**Sal y pimienta recién
molida**

Yogurt simple, ¼ taza
(60 g/2 oz), para acompañar

RINDE 24 PIEZAS

1 Prepare el puré de verduras

En una licuadora o procesador de alimentos mezcle el
tomatillo con el jugo de uva, pimiento, cebollitas de cambray,
chile jalapeño, 1 ½ cucharada del jugo de limón, cilantro, una
cucharadita de sal y ½ cucharadita de pimienta. Pulse durante 2
ó 3 minutos, hasta que la mezcla esté tersa, bajando la mezcla
que se quede en los lados del vaso.

2 Termine la sopa

Pase a un tazón grande y refrigere durante 15 minutos.
Mezcle para integrar por completo. Pruebe y rectifique la sazón
con sal, pimienta y jugo de limón. Vierta hacia vasos pequeños o
caballitos fríos, acompañe con el yogurt y sirva.

sugerencia del chef

Para preparar un gazpacho, refrigere durante 1 ó 2 horas antes de servir. La sopa se separará. Usando un batidor mezcle vigorosamente justo antes de servir para incorporar los ingredientes.

sugerencia del chef

El estragón se puede sustituir
por eneldo fresco picado o por
endibia belga. La ensalada
resultante tendrá un sabor más
escandivano que este bocadillo
estilo Mediterráneo.

ensalada de pollo al limón sobre crostini

1 Prepare los crostini

Precaliente el horno a 180ºC (350ºF). Acomode las rebanadas de baguette sobre una charola para hornear y barnice ligeramente con el aceite de oliva. Sazone con sal y pimienta. Hornee durante 10 ó 15 minutos, hasta que se doren. Pase a un platón.

2 Cocine el pollo

Mientras tanto, prepare ½ cucharadita de ralladura de limón. Parta el limón a la mitad y exprima una cucharadita del jugo. Reserve la ralladura y el jugo. Sazone ambos lados de las pechugas de pollo con sal y pimienta. En una sartén grande sobre fuego medio caliente el aceite de canola. Agregue el pollo y cocine durante 4 ó 5 minutos, hasta que esté dorado y opaco. Pase a una tabla de picar y deje reposar durante 5 minutos.

3 Prepare la ensalada de pollo

En un tazón mezcle la ralladura y jugo de limón reservados, el hinojo, cebollita de cambray, ¾ cucharadita de estragón, mayonesa, ¾ cucharadita de sal y pimienta al gusto. Revuelva hasta obtener una mezcla tersa. Pique el pollo finamente. Integre con la mezcla de hinojo y revuelva hasta integrar por completo. Coloque una cucharada generosa de la ensalada sobre cada crostini, adorne con estragón y sirva.

Baguette reposada o estilo francés, 28 rebanadas, cada una de aproximadamente 12 mm (½ in) de grueso

Aceite de oliva, 2 cucharadas

Sal y pimienta recién molida

Limón amarillo, 1

Pechugas de pollo sin piel ni hueso, 2, aproximadamente 375 g (¾ lb) en total, aplanadas ligeramente y secadas con toallas de papel

Aceite de canola, 1 cucharada

Bulbo de hinojo, ½, limpio, partido longitudinalmente en cuartos y finamente picado

Cebollita de cambray, 1, únicamente sus partes blancas y de color verde claro, finamente picado

Estragón fresco, ¾ cucharadita, finamente picado, más el necesario para adornar

Mayonesa, ⅓ taza (90 ml/ 3 fl oz)

RINDE 28 CROSTINIS

75

haga más
para almacenar

pan plano con romero y aceite de oliva

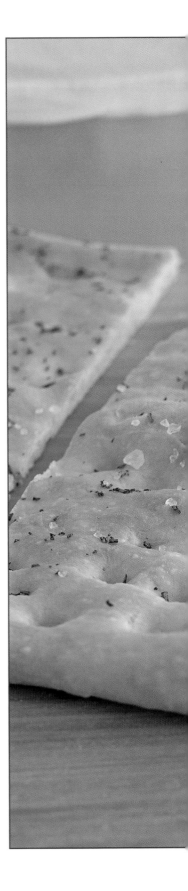

MASA DE LEVADURA

Harina, 3½ tazas (545 g/ 17 ½ oz)

Levadura instantánea, 2¼ cucharadas (1 paquete)

Azúcar, 1 cucharada

Sal, 1 cucharada

Agua caliente (43°C/110°F), 1¼ ó 1½ taza (310-372 ml/10-12 fl oz)

Aceite de oliva, 2 cucharadas

Cornmeal grueso o polenta, 1 cucharada

Aceite de oliva, 2 cucharadas

Romero fresco, 2 cucharaditas, finamente picado

Sal de mar gruesa

RINDE 12 PIEZAS

rinde 2 bolas de masa en total

Esta sencilla masa de levadura se puede preparar con rapidez en un procesador de alimentos. Esta receta rinde suficiente masa para el pan plano de romero más un sobrante para hacer una de las siguientes recetas: pizza, calzones de espinacas o pissaladiére, que se muestran a continuación.

1 Prepare la masa
En un procesador de alimentos mezcle la harina, levadura, azúcar y sal. Pulse para mezclar. Agregue el agua y el aceite de oliva; pulse hasta que la masa se integre. Coloque la masa sobre una superficie de trabajo ligeramente enharinada. Amase durante 1 ó 2 minutos para formar una bola tersa. Coloque la masa en un tazón grande engrasado con aceite, mezcle para cubrir y tape con plástico adherente. Deje levar en un lugar ligeramente caliente alrededor de 1 ½ hora, hasta que duplique su tamaño y esté muy esponjada.

2 Divida la masa
Extienda la masa sobre una superficie ligeramente enharinada, dé leves golpes y amase formando un cilindro terso. Divida en 2 piezas iguales y amase una vez más para formar 2 bolas tersas, espolvoreando con harina si fuera necesario. Cubra con una toalla de cocina y deje reposar durante 10 minutos. Almacene una bola para usar en otra ocasión (vea Consejo de Almacenamiento a la derecha).

3 Hornee el pan
Precaliente el horno a 230°C (450°F). Espolvoree el cornmeal uniformemente sobre una charola para hornear de 28 cm x 43 cm (11 in x 17 in) con bordes. Coloque la masa sobre la charola preparada. Presione sobre el centro, empujando y estirando la masa hacia la orilla de la charola uniformemente. Cubra con una toalla húmeda y deje esponjar durante 15 minutos. Haga varios orificios en la masa. Rocíe la masa con el aceite de oliva y espolvoree con el romero y sal de mar. Hornee durante 15 ó 18 minutos, hasta que el pan esté dorado. Corte en piezas y sirva.

consejo de almacenamiento

Almacene cada bola por separado en una bolsa de plástico con cierre hermético y refrigere hasta el momento de usar o durante toda la noche. Deje reposar a temperatura ambiente antes de continuar con la receta. Si la congela, envuelva la masa en plástico adherente antes de colocarla en las bolsas con cierre hermético y congele hasta por 2 meses. Para descongelar, coloque sobre un platón a temperatura ambiente alrededor de 3 horas, hasta que la masa esté a temperatura ambiente y se empiece a esponjar una vez más.

sugerencia del chef

Varíe la cubierta de la pizza usando embutidos como el salami o pepperoni. O sustituya por otras verduras frescas de cocimiento rápido cortadas, como los pimientos (capsicums) o los champiñones.

pizza de pesto y jitomate cereza

1 Prepare la masa

Espolvoree el cornmeal uniformemente sobre una charola para hornear de 28 cm x 43 cm (11 in x 17 in) con borde. Coloque la masa sobre la charola preparada. Presione muy firmemente sobre el centro y, trabajando desde el centro hacia la orilla, presione y estire la masa hacia las orillas de la charola para lograr un grosor uniforme. (Si la masa no se puede manejar fácilmente, reserve tapada durante 10 minutos). Cubra con una toalla de cocina y deje esponjar por lo menos durante 15 minutos.

2 Arme y hornee la pizza

Coloque una rejilla en el tercio inferior del horno y precaliente a 230ºC (450ºF). Unte la masa uniformemente con el pesto dejando una orilla descubierta de 6 mm (¼ in). Acomode el queso mozzarella y los jitomates uniformemente sobre el pesto. Sazone con sal y pimienta. Hornee durante 15 ó 18 minutos, hasta que las orillas se doren y el queso burbujee. Corte en porciones individuales y sirva caliente.

Masa de Levadura (página 78), 1 bola, a temperatura ambiente

Cornmeal grueso o polenta, 1 cucharada

Pesto, ½ taza (125 ml/ 4 fl oz)

Queso mozzarella fresco, 250 g (½ lb), rebanado

Jitomates cereza, 1 taza (185 g/6 oz), partidos en cuartos

Sal y pimienta recién molida

RINDE
APROXIMADAMENTE
8 PORCIONES

calzones de pancetta, queso ricotta y espinaca

Masa de Levadura (página 78), 1 bola, a temperatura ambiente

Pancetta, 125 g (¼ lb), picada grueso

Queso ricotta de leche entera, ⅔ taza (155 g/5 oz)

Espinaca miniatura, 1 taza (60 g/2 oz), finamente picada

Sal y pimienta recién molida

Huevo, 1, batido con 2 cucharaditas de agua

RINDE 12 CALZONES

1 Prepare el relleno

Sobre una superficie ligeramente enharinada, use sus manos para extender la masa haciendo un cilindro de 30 cm (12 in) de largo. Corte en 12 partes iguales y amase cada parte haciendo una bola tersa. Cubra con una toalla de cocina y deje reposar a temperatura ambiente durante 20 minutos. Mientras tanto, en una sartén gruesa sobre fuego medio-bajo cocine la pancetta alrededor de 4 minutos, moviendo ocasionalmente, hasta que esté crujiente. Usando una cuchara ranurada pase a una toalla de papel y deje escurrir. En un tazón mezcle la pancetta con el queso ricotta, espinaca, ½ cucharadita de sal y ¼ cucharadita de pimienta.

2 Arme y hornee los calzones

Coloque una rejilla en el tercio inferior del horno y precaliente a 230°C (450°F). Sobre una superficie ligeramente enharinada extienda cada bola de masa formando un círculo de 13 ó 15 cm (5-6 in) de diámetro y 3 mm (⅛ in) de grueso. Divida el relleno, coloque en los centros de cada círculo y barnice con agua las orillas de la masa. Levante las orillas, estirando y ajustando la masa y compactando el relleno de manera que las orillas se unan en el centro. Ondule firmemente las orillas y pase cada calzón a una charola para hornear forrada con papel encerado (para hornear), de manera que la unión y uno de los lados estén sobre la charola. Corte una pequeña ventilación en el centro de la superficie de cada calzón para que salga el vapor. Barnice la superficie de cada calzón con la mezcla de huevo. Hornee alrededor de 15 minutos, hasta que se doren. Pase a una rejilla de alambre y deje enfriar alrededor de 5 minutos y sirva.

sugerencia del chef

Si lo desea, sirva los calzones sobre un platón acompañando en el centro con un tazón pequeño de salsa marinara caliente para remojarlos en ella. Busque una salsa marinara en frasco de buena calidad en una tienda de productos italianos o supermercado bien surtido.

sugerencia del chef

Las aceitunas se pueden
deshuesar rápidamente usando
un cuchillo grande para chef.
Coloque las aceitunas sobre una
tabla para picar y ponga la parte
más gruesa de la cuchilla sobre
ellas, poniendo la parte filosa en
contra de usted. Cuidadosamente
ruede las aceitunas presionando
con la cuchilla. Las aceitunas se
deberán abrir permitiéndole
retirar los huesos.

pissaladière de aceitunas y cebolla

1 Cocine las cebollas

En una sartén grande sobre fuego medio caliente el aceite de oliva. Agregue las cebollas y sazone generosamente con sal pimienta. Tape y cocine ligeramente alrededor de 20 minutos, moviendo aproximadamente cada 5 minutos, hasta que estén suaves y doradas.

2 Prepare la masa

Mientras tanto, espolvoree el cornmeal uniformemente sobre una charola para hornear de 28 cm x 43 cm (11 in x 17 in) con borde. Coloque la masa sobre la charola preparada. Presione muy firmemente sobre el centro y, trabajando desde el centro hacia las orillas, presione y estire la masa hacia las orillas de la charola para lograr un grosor uniforme. (Si la masa no se puede manejar fácilmente, reserve tapada durante 10 minutos). Cubra con una toalla de cocina y deje esponjar por lo menos durante 15 minutos.

3 Arme y hornee la pissaladière

Coloque una rejilla en el tercio inferior del horno y precaliente a 230°C (450°F). Unte la mezcla de la masa con las cebollas dejando una orilla descubierta de 6 mm (¼ in). Esparza las anchoas y aceitunas sobre la masa. Hornee durante 15 ó 18 minutos, hasta que las orillas se doren. Deje reposar durante 3 ó 5 minutos. Corte longitudinalmente a la mitad y después transversalmente en porciones pequeñas. Sirva caliente.

Masa de Levadura (página 78), 1 bola, a temperatura ambiente

Aceite de oliva, ¼ taza (60 ml/2 fl oz)

Cebollas amarillas o blancas, 750 g (1 ½ lb) partidas a la mitad y rebanadas finamente

Sal y pimienta recién molida

Cornmeal grueso o polenta, 1 cucharada

Filetes de anchoa en lata, 8, remojados en agua tibia durante 5 minutos, escurridos, secados con toallas de papel y picados

Aceitunas Niçoise u otras aceitunas negras en salmuera, 8, deshuesadas y picadas grueso

RINDE APROXIMADAMENTE 16 PORCIONES

tarta de jitomate y queso fontina

MASA SAZONADA PARA TARTA

Harina, 3½ tazas (545 g/ 17 ½ oz)

Sal, ½ cucharadita

Mantequilla sin sal, 1 taza (250 g/8 oz), partida en cubos

Huevos, 2, semi batidos

Jugo de limón, 1 cucharada

Agua con hielo, ¼ taza (60 ml/2 fl oz) o más si fuera necesario

Chalotes, 2, partidos longitudinalmente a la mitad y en rebanadas finas

Jitomate guaje (Roma), 3 grandes, cortados en rebanadas de 6 mm (¼ in) de grueso

Sal y pimienta recién molida

Queso fontina, 90 g (3 oz), finamente rebanado

Yema de huevo, 1, batida con 1 cucharadita de leche

Albahaca fresca, 2 cucharadas, finamente picada (opcional)

RINDE
APROXIMADAMENTE UNA
TARTA DE 23 CM (9 IN)

rinde en total 2 discos de masa sazonada para tarta

Esta receta proporciona suficiente masa quebrada y amantequillada para hacer una deliciosa y veraniega tarta de jitomate, las quiches de jamón y espinaca, tartas de mascarpone o sabrosas empanadas de carne de res que se muestran en las siguientes páginas.

1 Prepare la masa
En un procesador de alimentos mezcle la harina con la sal y la mantequilla. Pulse hasta que la mezcla forme migas gruesas. En un tazón pequeño bata los huevos con el jugo de limón y ¼ taza de agua con hielos. Con el motor encendido agregue rápidamente la mezcla de huevos y procese sólo hasta que la masa se integre. Extienda sobre una superficie ligeramente enharinada y forme un cilindro terso. Corte a la mitad y forme 2 discos gruesos. Refrigere un disco y envuelva el otro para usar en alguna otra ocasión (vea Consejo de Almacenamiento a la derecha).

2 Extienda la masa
Precaliente el horno a 190ºC (375ºF). Extienda el disco de masa haciendo un círculo o cuadro de 30 cm (12 in). Doble el círculo de masa a la mitad y páselo a un molde para tarta redondo o cuadrado de 23 cm (9 in). Desdoble el círculo y acomódelo en el molde, presionándolo firmemente sobre la base y dándole forma a los lados.

3 Arme y hornee la tarta
Acomode los jitomates y chalotes en el molde. Sazone con sal y pimienta y cubra con el queso. Barnice la orilla de la corteza con la mezcla de huevo. Hornee alrededor de 35 ó 45 minutos, hasta que la corteza se dore y el queso se derrita. Deje enfriar ligeramente sobre una rejilla de alambre. Adorne con la albahaca, si la usa. Sirva caliente.

consejo de almacenamiento

Si planea usar una o ambas porciones de la masa de inmediato, primero envuélvalas herméticamente en plástico adherente y refrigere por lo menos durante 30 minutos. O coloque uno o ambos discos envueltos dentro de una bolsa de plástico con cierre hermético y congele hasta por 3 meses. Para usarla, debe descongelar la masa a temperatura ambiente alrededor de 2 ½ horas, hasta que esté manejable pero aún ligeramente fría.

consejo de almacenamiento

Manténgase un paso adelante y cubra los moldes para mantecadas miniatura con masa. Envuelva las charolas herméticamente con plástico adherente y congele hasta por un mes. Deje descongelar a temperatura ambiente hasta por una hora antes de rellenar y hornear Hornee las quiches como se indica en el paso 3.

quiches de jamón y espinaca

1 Prepare la masa

Sobre una superficie ligeramente enharinada extienda el disco de masa para formar un círculo de 3 mm (1/8 in) de grueso. Usando un molde para galletas de 5 cm (2 in) corte todos los círculos que le sea posible. Pase los círculos cuidadosamente a 1 ó 2 charolas para hacer mantecadas miniatura. Las bases de la masa deben permanecer redondas y las orillas deben quedar sobre el borde del molde. Reúna los sobrantes, extienda hasta dejar de 3 mm (1/8 in) de grueso y corte más círculos. Debe tener 24 moldes cubiertos.

2 Prepare el relleno

Precaliente el horno a 200°C (400°F). En una sartén sobre fuego bajo derrita la mantequilla. Agregue los chalotes, cocine alrededor de 5 minutos, moviendo ocasionalmente, hasta suavizar. Eleve el fuego a medio-bajo, agregue la espinaca y cocine alrededor de un minuto, moviendo constantemente, hasta que se marchite. En una taza grande de medir bata los huevos con la crema, mostaza, 1/2 cucharadita de sal y una pizca de pimienta. Agregue la mezcla de espinaca, el pimiento, jamón y queso; mezcle. Divida el relleno entre los moldes cubiertos.

3 Hornee las quiches

Hornee alrededor de 20 minutos, hasta que las quiches se esponjen y doren. Deje enfriar en el molde colocándolo sobre una rejilla de alambre alrededor de 10 minutos. Pase un cuchillo alrededor de los lados de cada molde y desmolde las quiches cuidadosamente. Acomode sobre un platón y sirva.

Masa Sazonada para Tarta (página 86), 1 disco

Mantequilla sin sal, 1 1/2 cucharada

Chalotes, 2, finamente picados

Espinaca miniatura, 1 taza (60 g/2 oz), picada grueso

Huevo, 1

Crema espesa, 2/3 taza (160 ml/5 fl oz)

Mostaza Dijon, 1/2 cucharadita

Sal y pimienta recién molida

Pimiento (capsicum), 2 cucharadas, finamente picado

Jamón, 30 g (1 oz), picado

Queso gruyere, 60 g (2 oz), finamente rallado

RINDE 24 QUICHES PEQUEÑAS

tartaletas de hongos y queso mascarpone

Masa Sazonada para Tarta
(página 86), 1 disco

Mantequilla sin sal,
1 cucharada

Aceite de oliva,
2 cucharadas

Poros, 2 grandes, incluyendo las partes de color verde claro, partidos a la mitad, enjuagados y rebanados finamente

Hongos cremini, shiitake u oyster, 375 g (¾ lb), limpios y rebanados finamente

Hongos porcini secos, 15 g (½ oz), remojados en agua caliente durante 20 minutos, exprimidos y finamente picados (opcional)

Sal y pimienta recién molida

Queso mascarpone,
⅔ taza (155 g/5 oz)

RINDE APROXIMADAMENTE 32 BOCADILLOS PEQUEÑOS

1 Hornee las bases para tarta

Precaliente el horno a 190°C (375°F). Divida el disco de masa a la mitad y mantenga una mitad en el refrigerador hasta que sea necesario. Sobre una superficie ligeramente enharinada, extienda la masa para hacer un círculo desigual de 3 mm (⅛ in) de grueso. Usando un molde para galletas de 5 cm (2 in) corte todos los círculos que le sea posible. Pase los círculos cuidadosamente a 1 ó 2 charola(s) para hornear. Reúna los sobrantes, extienda hasta dejar de 3 mm (⅛ in) de grueso y corte más círculos. Repita la operación con la otra mitad de masa. Debe tener 32 círculos. Pique los círculos en varios lugares con un tenedor. Hornee alrededor de 15 minutos, hasta que las bases de tarta se doren ligeramente. Pase a rejillas de alambre y deje enfriar.

2 Cocine los hongos

Mientras tanto, en una sartén grande sobre fuego medio derrita la mantequilla con el aceite. Agregue los poros y cocine durante 5 ó 6 minutos, moviendo frecuentemente, hasta suavizar. Añada los hongos frescos y los porcini hidratados (si los usa). Sazone generosamente con sal y pimienta y cocine alrededor de 5 minutos, moviendo ocasionalmente, hasta que los hongos hayan soltado su líquido y se hayan secado y suavizado.

3 Arme las tartas

Unte una cucharadita generosa del queso mascarpone sobre cada base de tarta. Coloque 2 cucharaditas de la mezcla de hongos sobre el queso. Acomode sobre un platón y sirva de inmediato.

consejo de almacenamiento

Si no encuentra queso mascarpone, puede obtener un sabor parecido batiendo ⅓ taza (75 g/2 ½ oz) de queso crema suave con ⅓ taza (75 g/2 ½ oz) de crema ácida, hasta obtener una mezcla tersa.

consejo de almacenamiento

El relleno de las empanadas se puede hacer con carne molida de pavo, puerco, ternera o una combinación de ellas. Esta receta se puede duplicar fácilmente y mantener en un recipiente hermético hasta por 3 días.

empanadas de
carne de res

1 Hornee las bases para tarta

En una sartén grande sobre fuego medio cocine la carne de res y los piñones cerca de 6 minutos, moviendo para desbaratar la carne hasta que la carne de res ya no esté de color rosado. Usando una cuchara ranurada pase a un tazón. Agregue la cebolla a la sartén sobre fuego medio y cocine alrededor de 5 minutos, moviendo ocasionalmente, hasta suavizar. Añada la pasta de tomate y el vino. Cocine alrededor de 3 minutos, moviendo ocasionalmente, hasta que la mezcla esté espesa y seca. Integre las grosellas a la mezcla de carne de res junto con ¼ cucharadita de sal, ¼ cucharadita de pimienta, el comino y el orégano. Mezcle hasta integrar y rectifique la sazón si fuera necesario.

2 Extienda la masa

Precaliente el horno a 190ºC (375ºF). Cubra 2 charolas para hornear con papel encerado (para hornear). Divida el disco de masa a la mitad y mantenga una mitad en el refrigerador hasta el momento que sea necesario. Sobre una superficie ligeramente enharinada, extienda la masa para hacer un círculo desigual con un grosor ligeramente menor a los 6 mm (¼ in). Usando un molde para galletas de 3 cm (2 in) corte todos los círculos que le sea posible. Pase los círculos a las charolas preparadas. Reúna los sobrantes, extienda y corte más círculos. Repita la operación con la otra mitad de masa. Debe tener aproximadamente 24 círculos. Barnícelos con la mezcla de huevo.

3 Arme y hornee las empanadas

Coloque una cucharada generosa del relleno en el centro de cada círculo de masa. Levante las orillas de cada círculo de manera que se unan en el centro compactando el relleno. Ondule firmemente las orillas y pase las empanadas a la charola preparada. Presione la superficie de las orillas con un tenedor. Barnice la superficie de cada empanada con la mezcla de huevo. Hornee alrededor de 30 minutos, hasta dorar.

Masa Sazonada para Tarta (página 86), 1 disco

Carne molida de res sin grasa, 185 g (6 oz)

Piñones, 3 cucharadas, picados grueso

Cebolla amarilla o blanca, ½, finamente picada

Pasta de tomate, 1 cucharada

Vino tinto, ¼ taza (60 ml/ 2 fl oz)

Grosellas, 3 cucharadas

Sal y pimienta recién molida

Comino molido, ½ cucharadita

Orégano seco, ¼ cucharadita

Huevo, 1, batido con 1 cucharada de agua

RINDE
APROXIMADAMENTE
24 EMPANADAS

93

el cocinero inteligente

El primer paso para convertirse en un cocinero inteligente, aquel que pasa menos tiempo en la cocina pero aún así proporciona deliciosos platillos, es recopilar una inspiradora colección de recetas para bocadillos que reaviven su planeación de menú semanal. Una vez que decida lo que va a cocinar puede revisar su despensa y su refrigerador, escribir su lista de compras y hacer algunos viajes estratégicos a la tienda durante la semana. Estos sencillos esfuerzos le proporcionarán platillos sustanciosos en un tiempo récord, ya sea que quiera alimentar a su familia o recibir invitados.

Con una despensa bien surtida y sus menús semanales tendrá la base para sus comidas planeadas y para improvisar para los invitados que tanto disfruta. En las siguientes páginas encontrará consejos para aprovechar su tiempo al máximo y abastecer su cocina, así como ciertas ideas para preparar comidas y fiestas sencillas.

manos a la obra

Si planea sus recetas semanales y mantiene bien surtidos su despensa y refrigerador, ahorrará tiempo en la cocina. Use las estrategias sencillas que mostramos a continuación para preparar menús, organizar sus compras y obtener lo máximo de su tiempo práctico en la cocina. Así, incluso en aquellos días que estén atiborrados de trabajo y demás actividades, aún tendrá el tiempo necesario para recibir a su familia y amigos.

planee por adelantado

Cuando toma el tiempo para escribir sus ideas de menú antes de ir a la tienda, podrá abastecer su cocina con gran parte de los ingredientes que va a necesitar en los siguientes días. Esto representa menos viajes a la tienda durante la semana ocupada con trabajo y escuela. Si se planea con cuidado también le ayudará a pensar en la forma de convertir los sobrantes en deliciosas comidas adicionales.

- **Vea sus reuniones venideras.** Tenga su agenda en mente mientras planea. Si va a tener una reunión en alguna noche de la semana, elija algunas recetas sencillas que se puedan preparar rápidamente o preparar la noche anterior a su compromiso. Si se trata de celebraciones más elegantes, ya sea una cena formal o un coctel para las fiestas decembrinas, piense en preparaciones más elaboradas e ingredientes especiales. Estudie las recetas que ha elegido para revisar si necesitará marinar o enfriar algo con anticipación o si un platillo se puede hacer por adelantado.

- **Deje que las estaciones sean su guía.** Planee menús festivos que vayan de acuerdo al clima: platillos más ligeros con suficientes verduras frescas para la primavera y verano, o alimentos más sustanciosos para los días fríos.

- **Cocine durante el fin de semana.** Tome tiempo en el fin de semana para preparar platillos que duren frescos por varios días, como salsas y dips. Tenga en su refrigerador los alimentos básicos que se pueden usar para preparar bocadillos rápidos y entradas sencillas.

- **Planee usar sus sobrantes.** ¿Quiere preparar un dip de frijol blanco para una fiesta? Prepare una ración doble y use el sobrante en un sándwich. Las verduras crudas como la zanahoria, apio o jícama partidos en juliana; rebanadas de pepinos y pimientos (capsicums); o rábanos limpios son buenos refrigerios.

Preparación por anticipado. Un procesador de alimentos facilita el trabajo de picar verduras y rallar queso. Hágase el hábito de preparar sus ingredientes con anticipación. Si los almacena en recipientes herméticos estos ingredientes fáciles de usar le ayudarán a reducir a la mitad su tiempo de trabajo una vez que empiece a cocinar.

Use los utensilios adecuados. Es indispensable un juego de buenos cuchillos para trabajar rápida y eficientemente en la cocina. Un cuchillo para chef y un cuchillo mondador son esenciales. También necesitará una sartén para freír, una sartén para asar, charolas con borde para hornear y algunas ollas de base gruesa de diferentes tamaños de buena calidad para preparar cualquier receta de este libro.

Use los platos adecuados. Súrtase de una variedad de platones redondos y cuadrados así como de platos pequeños y algunos artículos especiales como un platón para las verduras crudas y uno para aceitunas. También tenga a mano atractivas servilletas para coctel así como palillos y pinchos de bambú.

Prepare sus ingredientes. Este paso se llama *mise en place* (del francés para "poner en su lugar"), y es la forma más importante de ahorrar tiempo y reducir el estrés en la cocina. Antes de empezar a trabajar mida o pese todos los ingredientes y colóquelos en tazones pequeños para tenerlos a la mano.

Limpie a medida que trabaje. Antes de iniciar, empiece con una cocina limpia, una lavadora de platos vacía, superficies desocupadas y toallas limpias. Lave las ollas, sartenes y utensilios a medida que cocina para ahorrar tiempo de lavado después de comer.

aproveche su tiempo al máximo

Una vez que haya concebido su plan de cocina, puede empezar a pensar en la forma en que va a aprovechar su tiempo. Si hace su compra y trabajo de preparación por adelantado tardará menos tiempo de elaboración en la cocina, dejándole más tiempo libre para llevar a cabo alguna otra actividad.

- **Abastézcase.** Evite los viajes de compras de último minuto manteniendo su alacena bien surtida. Tenga siempre en la cocina una libreta para notas o pizarrón, de manera que pueda escribir los ingredientes básicos que se están terminando y sustituirlos con rapidez. Siempre tenga a la mano una buena dotación de ingredientes básicos no perecederos. Estos le serán de gran utilidad cuando tenga que improvisar algún bocadillo sencillo así como primeros platos y botanas.

- **Vaya menos veces de compras.** Haga una lista de compras cuando programe su plan semanal de comidas de manera que compre los alimentos básicos que usted necesita para la semana en un solo viaje. Si sabe que va a estar presionado durante la semana, compre la carne y pollo en su compra grande de la semana y separe en porciones, envuelva y refrigere, congele lo que no va a usar en los primeros días.

- **Hágalo con anticipación.** Haga todo lo que pueda por anticipado cuando tenga tiempo libre. Lave, pele y pique las verduras y almacénelas en bolsas de plástico con cierre hermético o recipientes herméticos. Prepare brochetas de carne, envuelva herméticamente y refrigere. Prepare marinadas o dips y almacene en refrigeración. Revise sus ingredientes y utensilios la noche anterior para que pueda encontrar todo fácilmente cuando empiece a cocinar.

- **Duplique.** Los sobrantes recalentados pueden ser de gran ayuda para un cocinero ocupado. Pero no sirva el mismo platillo recalentado al día siguiente. En vez de duplicar el platillo completo, cocine únicamente la base de la receta, sin la salsa o los sazonadores que lleva, y termínela de forma diferente.

- **Cocine de manera más inteligente.** Antes de empezar a cocinar lea la receta con cuidado. Visualice las técnicas y revise la receta paso a paso en su mente. Limpie sus anaqueles y asegúrese de que la cocina esté limpia y ordenada antes de empezar. Si tiene amigos o familia a la mano, asígneles tareas para ahorrar tiempo, ya sea pelando zanahorias, preparando una ensalada o poniendo la mesa.

prepare una comida con ellos

Muchos de estos bocadillos se pueden convertir en el plato principal para una comida o cena. Una vez que haya decidido la deliciosa receta que va a preparar como plato principal, usted puede elegir entre una gran variedad de guarniciones rápidas y sencillas para completar su comida.

■ **Ensalada** Para ahorrar tiempo compre paquetes de hortalizas prelavadas. Elija ingredientes para ensalada que complementen el plato que está preparando: una ensalada con lechuga, pepinos y aderezo de cilantro al limón para acompañar quesadillas rellenas de chorizo (página 37), o una ensalada de arúgula (rocket), jitomate y lajas de parmesano aderezada con aceite de oliva y jugo de limón para acompañar calzones (página 83). Prepare aderezo adicional y almacene en el refrigerador para usar sobre otras ensaladas que prepare en la semana.

■ **Cuscús** El cuscús instantáneo, disponible simple o en una variedad de mezclas sazonadas, toma menos de 10 minutos de preparación sobre la estufa. Acompañe con albóndigas de cordero (página 55).

■ **Papas** Compre papas cambray, cúbralas con aceite de oliva, sazone con sal y áselas como asaría cualquier otro vegetal (vea abajo). O cueza papas grandes en agua con sal durante 20 ó 30 minutos, rebane, mezcle con una vinagreta y sirva acompañando brochetas de camarón (página 52).

■ **Jitomates** Rebane jitomates maduros, acomode las rebanadas sobre un platón y sazone con aceite de oliva, sal y pimienta recién molida. Si lo desea, espolvoree con queso feta desmoronado, aceitunas o hierbas frescas picadas.

■ **Verduras asadas** Mientras reúne los ingredientes principales para su comida, también puede asar algunas verduras. Empiece con verduras frescas precortadas, como racimos de brócoli y coliflor, calabaza butternut o puntas de espárragos. Mezcle las verduras con aceite de oliva y ase sobre una charola para hornear a 200ºC (400ºF) entre 10 y 30 minutos (dependiendo de la verdura), moviendo ocasionalmente. Sazone con sal y pimienta y sirva.

■ **Postres sencillos** Para aquellos días en que quiera servir un postre pruebe estas dos ideas rápidas: fruta fresca de la estación rociada con miel de abeja y yogurt; o helado cubierto con salsa de caramelo y nueces tostadas.

ejemplos de comidas

Aquí presentamos algunas ideas para crear una sustanciosa comida o cena agregando una o dos guarniciones a cualquier receta para bocadillo que decida hacer. Cuando diseñe sus propios menús tenga presente que las verduras salteadas o una ensalada será más que suficiente. También puede duplicar la receta para bocadillos o servir dos platos diferentes para la misma comida.

EN MINUTOS	CENAS PARA EL FIN DE SEMANA	PARA INVITADOS
Quesadillas de Queso y Chorizo(página 37) Frijoles pintos con orégano Totopos y guacamole	**Empanadas de Carne de Res (página 93)** Plátanos fritos Verduras mixtas con vinagreta cremosa de limón	**Ensalada de Cangrejo con Endibia (página 34)** Sopa fría de pepino Galletas de pimiento desmenuzadas
Brochetas Caprese (página 26) Pollo rostizado Focaccia caliente con tomillo fresco y aceite de oliva	**Fritto Misto (página 59)** Alcachofas al vapor con mantequilla derretida Rebanadas de jitomate con sal de mar y aceite de oliva	**Albóndigas de Cordero con Raita de Cilantro (página 55)** Ensalada de espinaca con queso feta y almendras Pan árabe de trigo tostado
Reguiletes de Salmón y Queso a las Hierbas (página 22) Rodajas de calabacitas con queso parmesano Rebanadas de jitomate con sal de mar y aceite de oliva	**Carne de Puerco Asada con Salsa de Piña (página 51)** Frijoles negros picantes Arroz al vapor	**Tortitas de Papa con Salmón Ahumado (página 60)** Lechuga francesa con vinagreta de champagne Ejotes salteados
Sándwiches de Pavo y Queso Manchego (página 30) Ensalada de fruta fresca	**Alitas de Pollo al Tamarindo (página 64)** Papas cambray asadas Rebanada de lechuga romana con aderezo de queso azul	**Tarta de Jitomate y Queso Fontina (página 86)** Ensalada de arúgula y parmesano con vinagreta de cítricos
Tacos de Lechuga Tai (página 29) Ensalada de pepino con cebolla morada Fideo de arroz con cilantro y vinagreta de vino de arroz	**Pizza de Pesto y Jitomate Cereza (página 81)** Ensalada de achicoria con pancetta y queso parmesano	**Brochetas de Camarón con Aceite de Albahaca (página 52)** Pasta orzo con limón Espárragos asados

botanas sencillas

La velocidad y la sencillez caracterizan a todos estos bocadillos, y cualquiera de ellos es perfecto para cuando tenga invitados y no tenga el tiempo suficiente.

■ **Verduras y frutas precortadas** Si su agenda está muy apretada, hoy en día puede encontrar en los supermercados una amplia variedad de frutas y verduras precortadas y prelavadas que pueden servirle para preparar un platón de verduras crudas o platones de postre de última hora.

■ **Hojaldras de queso** Para preparar bocadillos elegantes envuelva pequeños trozos o triángulos de pasta de hojaldre alrededor de un trozo de queso y una pizca de hierbas frescas como el tomillo y hornee a 190ºC (375ºF) aproximadamente 20 minutos, hasta dorar. Para hacer palitos de queso, corte un trozo de pasta de hojaldre, enróllelo y barnice con clara de huevo, espolvoree con queso parmesano y doble a la mitad haciendo un rectángulo. Corte transversalmente en tiras de 2.5 cm (1 in) de ancho, voltee las puntas para girar las tiras y coloque sobre una charola para hornear. Hornee a 190ºC (375ºF) alrededor de 20 minutos, hasta que se esponjen y doren.

■ **Mezclas de botanas** Busque mezclas de botanas japonesas en la sección de alimentos asiáticos del super como la de galletas de arroz esponjado, crujiente y brillante (algunas envueltas con una tira de alga, el mismo ingrediente que se usa para hacer rollos de sushi) y chícharos secos y crujientes remojados en wasabe picante.

■ **Platón de quesos** Prepare un platón con sus quesos favoritos como un joven crottin (queso de cabra), Reblochon (queso semi suave de leche de vaca) y Roquefort (queso azul de leche de borrego). Adorne con almendras Marcona, almendras suaves y amantequilladas de España las cuales proporcionan una gran innovación en las mezclas de nueces acostumbradas, y agregue rebanadas de peras maduras, uvas rojas y un trozo de ate de guayaba (*membrillo*). Acompañe con rebanadas de pan baguette tostado y galletas.

■ **Embutidos** Acomode embutidos como el salami, prosciutto y bresaola sazonada con rebanadas gruesas de paté estilo campestre sobre una tabla de picar atractiva o un platón. Adorne la tabla con rábanos y pepinillos y coloque en el centro un ramekin o refractario individual con mostaza de grano (a la antigua). Acompañe con rebanadas de pan baguette tostado (página 70).

CONSEJOS PARA FIESTAS

prepare de más Haga una ración doble de sus recetas favoritas o de aquellos platos que cree que gustarán a sus invitados. Tenga los sobrantes preparados sobre platos en el refrigerador de manera que pueda rellenar sus platones.

manténgalo fresco Rellene platos pequeños frecuentemente. Se ven más ordenados y más bonitos que un solo platón grande.

circule platos nuevos Intercale nuevos platillos una o dos veces durante la fiesta. Creará interés y mantendrá los alimentos más frescos evitando que se marchiten o sequen antes de que se hayan terminado.

deje espacio Asegúrese de que haya suficiente espacio sobre el platón para que los invitados puedan servirse lo que deseen fácilmente.

manténgalo natural El limón, hojas de acelga o col rizada, rebanadas de pepino, perejil fresco y ramas de eneldo son adornos atractivos o camas adecuadas para preparar platones llamativos. Busque hierbas especialmente bonitas como el cebollín en flor o la albahaca morada.

sea creativo Piense en nuevas formas de servir sus botanas. Presente porciones cremosas individuales como ensaladas de pollo al limón en atractivas cucharas grandes de plata. Sirva sopas frías en copas delgadas o vasos pequeños y sopas calientes en tazas pequeñas o tacitas para café exprés.

prepare extras Saque tazones pequeños con nueces de la India, almendras, pistaches, nueces garapiñadas o frutas secas, como chabacanos, galletas o papas fritas para ofrecer como botanas sencillas.

ejemplos de menús para fiestas

Use estos menús para ayudarle a planear fiestas para las ocasiones especiales de su vida. Nunca trate de hacer más recetas de las que pueda cocinar o servir fácilmente y siempre incluya platillos que pueda preparar parcial o totalmente por adelantado. No olvide que los artículos comprados de buena calidad son una buena forma de reducir su tiempo en la cocina.

FIESTA CON TEMA ASIÁTICO	OPEN HOUSE FESTIVO	AL AIRE LIBRE EN LA TOSCANA
Tacos de Lechuga Tai (página 29)	**Nueces Asadas a las Especias** (página 25)	**Bruschetta de Queso Ricotta, Higos y Prosciutto** (página 18)
Rollos Primavera con Salsa de Cilantro y Limón (página 48)	**Crostini con Filete y Crema de Rábano Picante** (página 44)	**Polenta con Pesto de Berenjena** (página 71)
Rollos sushi preparados	**Dátiles Asados con Queso Parmesano y Tocino** (página 63)	**Duraznos con Prosciutto y Menta** (página 41)
Mezcla asiática de botanas	Trufas de chocolate	**Platón de antipasto con salami, quesos italianos y *grissini***
Saketinis, martinis de lychee, cerveza asiática	*Champagne, sidra caliente, cerveza ale para la temporada festiva*	Aceitunas mixtas
		Prosecco, Pinot Grigio

FIESTA LATINA	NOCHE DE CLUB DE LECTURA	FIESTA TAILGATE
Carne de Puerco Asada con Salsa de Piña (página 51)	**Compota de Peras con Quesos** (página 14)	**Sándwiches de Pavo y Queso Manchego** (página 30)
Guacamole con Hojuelas de Camote Frito (página 47)	**Dip de Frijol Blanco con Pan Árabe** (página 17)	**Alitas de Pollo al Tamarindo** (página 64)
Empanadas de Carne de Res (página 93)	**Ensalada de Pollo al Limón sobre Crostini** (página 75)	**Pizza de Pesto y Jitomate Cereza** (página 81)
Cerveza mexicana, margaritas, Caipirinhas	Galletas surtidas	*Sidra caliente, cerveza*
	Sauvignon Blanc, cerveza	

la cocina bien surtida

La clave para ser un buen anfitrión es estar preparado. Si su despensa, refrigerador y congelador están bien surtidos y organizados, ahorrará tiempo en la cocina en cuanto esté listo para cocinar. Si siempre sabe lo que tiene a la mano y lo que tiene que comprar, hará menos viajes a la tienda y comprará de manera más eficiente cuando lo haga. En las siguientes páginas encontrará una guía de todos los ingredientes básicos que necesita tener a la mano para hacer las recetas de este libro.

También descubrirá docenas de consejos para mantener estos ingredientes frescos y para almacenarlos de manera eficiente. Use esta información para revisar lo que ya tiene y lo que debe comprar cuando vaya de compras. El tiempo que pase organizando su cocina será remunerado siempre que lleguen visitas inesperadas o cuando tenga que convertir un bocadillo en una sustanciosa comida o cena familiar.

la despensa

La despensa, por lo general, es un closet o una o más alacenas en donde se almacenan especias secas, pastas y granos, semillas, nueces, aceites y vinagres así como alimentos frescos que no necesitan refrigeración como cebollas, papas y ajo. Debe estar fresca y seca y debe estar oscura cuando no se use. El calor y la luz son enemigos de lo fresco, secan las hierbas y especias y aceleran la rancidez de los granos, nueces y aceites.

surta su despensa

- Haga un inventario de lo que hay en su despensa.

- Retire todo de la despensa; limpie las tablas y vuelva a cubrir con papel, si fuera necesario, y organice los artículos por categoría.

- Deseche los artículos que hayan caducado o que tengan apariencia u olor dudoso.

- Haga una lista de los artículos que tiene que sustituir o comprar.

- Compre los artículos de su lista.

- Vuelva a abastecer su despensa organizando los productos por categoría.

- Mantenga los alimentos básicos que usa frecuente al frente de la despensa.

- Escriba la fecha de compra sobre los artículos perecederos.

- Mantenga las hierbas secas y especias en recipientes separados y de preferencia en un organizador, tabla o cajón especial para especias.

manténgala ordenada

- Revise las recetas que planea hacer en la semana y revise su despensa para asegurarse de que tiene todos los ingredientes que va a necesitar.

- Rote los productos de lugar cuando abastezca su despensa, pasando los que tienen más tiempo hacia adelante para usarlos primero.

- Anote los productos que se vayan terminando para que los pueda reemplazar.

Mantenga sus artículos de despensa en pequeñas cantidades de manera que deba sustituirlos con regularidad asegurándose así de que están frescos.

hierbas secas y especias Siempre almacene las hierbas y especias en un lugar fresco y alejado del calor directo de la estufa. El calor puede resecarlas, perdiendo así sus aceites volátiles que proporcionan el sabor. Incluso muchos sazonadores secos almacenados adecuadamente pierden potencia después de 6 meses. Compre hierbas y especias en mercados étnicos y tiendas de productos naturales, en donde con frecuencia se venden a granel y, por lo general, son más baratas y de mejor calidad.

aceites Almacene las botellas de aceite sin abrir a temperatura ambiente en un lugar fresco y oscuro hasta por un año. Una vez abiertos, almacene hasta por 3 meses a temperatura ambiente, o en el refrigerador hasta por 6 meses. Huela los aceites antes de usarlos para asegurarse de que no hayan desarrollado ningún olor desagradable, el cual puede ser signo de rancidez.

granos y pasta Almacene los granos y pastas en recipientes herméticos. Los granos se mantendrán frescos hasta por 3 meses; las pastas cerradas se mantendrán frescas hasta por un año. Una vez abiertas use las pastas en los primeros 6 meses de haberlas abierto.

alimentos frescos Almacene en un lugar fresco y oscuro y revise ocasionalmente para ver si no se han estropeado o tienen brotes. Guarde las papas en una bolsa de papel cerrada holgadamente para protegerlas de la luz directa, la cual hace que su piel se ponga verde.

alimentos enlatados Deseche los alimentos enlatados cuando la lata muestre signos de expansión. Una vez que haya abierto una lata, pase el contenido que no haya usado a un recipiente hermético y almacene en el refrigerador o congelador.

ALIMENTOS BÁSICOS DE LA DESPENSA

GRANOS Y PASTAS

arroz vermicelli

cornmeal

harina

polenta precocida o de cocimiento rápido

HIERBAS SECAS Y ESPECIAS

granos de pimienta negra

pimienta de cayena

canela molida

canela en rajas

comino molido

curry en polvo

semillas de hinojo

orégano

páprika

hojuelas de chile rojo

salvia

semillas de ajonjolí

anís estrella

pimienta blanca molida

NUECES

almendras

nueces

ALIMENTOS FRESCOS

aguacates

ajo

camotes

cebollas (moradas, dulces, amarillas o blancas)

chalotes

jitomates

papas

ACEITES

aceite de ajonjolí asiático

aceite de canola

aceite de maíz

aceite de oliva puro y extra-virgen

VINAGRES

vinagre balsámico

vinagre de vino tinto

vinagre de arroz

CONDIMENTOS

mayonesa

mostaza de grano entero

mostaza Dijon

rábano picante preparado

salsa asiática de pescado

salsa de soya

salsa hoisin

salsa inglesa

ALIMENTOS EN LATA O FRASCO

aceitunas verdes y negras

alcaparras

filetes de anchoas

frijoles cannellini

garbanzos

jalea de higo

jitomates deshidratados en aceite

miel de abeja

pasta o puré de tomate

pasta o concentrado de tamarindo

pesto

tapenade

el refrigerador y el congelador

Una vez que haya surtido y organizado su despensa, puede usar los mismos lineamientos para ahorrar tiempo en su refrigerador y congelador. El refrigerador, usado para almacenar durante poco tiempo a temperatura baja, es ideal para mantener frescas las carnes, aves, lácteos, verduras y sobrantes. Si congela sus alimentos de la manera adecuada, conservará gran parte del sabor de la carne, aves y muchos platillos preparados durante varios meses.

consejos generales

- Los alimentos pierden sabor en refrigeración. Es importante un almacenamiento adecuado y una temperatura de menos de 5°C (40°F).

- Congele los alimentos a -18°C (0°F) o menos para retener color, textura y sabor.

- No amontone los alimentos en el refrigerador o congelador. El aire debe circular libremente para mantener los alimentos uniformemente fríos.

- Evite quemaduras por congelación usando envolturas a prueba de humedad, como papel aluminio, recipientes o bolsas de plástico con cierre hermético.

almacenamiento de sobrantes

- Por seguridad deseche aquellos alimentos preparados que hayan estado a temperatura ambiente por 3 horas o más. También deseche los dips, untos y demás alimentos que hayan sido compartidos por los invitados.

- Para almacenar los alimentos sobrantes que nunca se sirvieron, envuelva herméticamente en plástico adherente, o colóquelos en un recipiente o bolsa con cierre hermético y refrigere hasta por 4 días.

- Revise el contenido del refrigerador por lo menos una vez a la semana y deseche rápidamente los alimentos viejos o echados a perder.

- Deje que los alimentos se enfríen a temperatura ambiente antes de meterlos al refrigerador o congelador. Pase los alimentos fríos a una bolsa de plástico con cierre hermético o a un recipiente de vidrio, dejando lugar para que se expandan al congelarse. O coloque en una bolsa de plástico con cierre hermético para congelar, sacando la mayor cantidad de aire que le sea posible antes de cerrarla y refrigere o congele.

almacenamiento de hierbas y verduras

■ Corte las bases de un manojo de perejil, coloque el manojo en un vaso con agua, cubra las hojas holgadamente con una bolsa de plástico y refrigere. Envuelva las demás hierbas frescas en toallas de papel húmedas, coloque en una bolsa de plástico y almacene en el cajón de verduras de su refrigerador. Enjuague y retire los tallos de todas las hierbas antes de usarlas.

■ Almacene los jitomates y berenjenas (aubergines) a temperatura ambiente.

■ Corte aproximadamente 12 mm (½ in) del tallo de cada espárrago; coloque los espárragos, con la punta hacia arriba, en un vaso con agua fría; refrigere cambiando el agua diariamente. Los espárragos durarán frescos hasta por una semana.

■ Enjuague las hortalizas, seque en un secador de lechugas, envuelva en toallas de papel húmedas y almacene en una bolsa de plástico con cierre hermético dentro de su refrigerador hasta por una semana. Almacene las demás verduras en bolsas de plástico con cierre hermético también dentro de su refrigerador y enjuáguelas antes de usarlas. Los vegetales duros durarán frescos una semana; los más delicados únicamente durarán algunos días.

almacenamiento de queso

■ Envuelva todos los quesos perfectamente para evitar que se sequen. Los quesos duros como el parmesano tienen menos contenido de humedad por lo que duran más tiempo que el queso feta o el queso fresco. Use los quesos frescos en un par de días. Almacene los quesos suaves y semi suaves hasta por dos semanas y los quesos duros hasta por un mes.

almacenamiento de carne y pollo

■ Utilice la carne y las aves frescas en los 2 primeros días de haberlos comprado. Si utiliza carne empacada revise la fecha de caducidad y use antes de esa fecha.

■ Para evitar la contaminación cruzada con los demás alimentos, siempre coloque las carnes empacadas sobre un plato en la parte más fría del refrigerador (hacia la parte de atrás del anaquel inferior o en el cajón para carne). Una vez que haya abierto el paquete, deseche la envoltura original y vuelva a envolver las porciones sobrantes en envoltura nueva.

índice

DEGUSTIS

Un sello editorial de
Advanced Marketing S. de R.L. de C.V
Importado y publicado en México en 2007 por
/ Imported and published in Mexico in 2007 by
Advanced Marketing, S. de R.L. de C.V.
Calzada San Francisco Cuautlalpan No. 102 Bodega "D"
Col. San Francisco Cuautlalpan Naucalpan de Juárez
Edo. México, C.P. 53569

WILLIAMS-SONOMA

Fundador y Vice-presidente Chuck Williams

SERIE LA COCINA AL INSTANTE DE WILLIAMS-SONOMA
Ideado y producido por Weldon Owen Inc.
814 Montgomery Street, San Francisco, CA 94133
Teléfono: 415 291 0100 Fax: 415 291 8841

En colaboración con Williams-Sonoma, Inc.
3250 Van Ness Avenue, San Francisco, CA 94109

Fotógrafos Tucker & Hossler
Estilista de Alimentos Kevin Crafts
Asistente de Estilista de Alimentos Alexa Hyman
Escritor del Texto Stephanie Rosenbaum

Library of Congress Cataloging-in-Publication Data.
ISBN 13: 978-970-718-557-9
Título Original / Original Title: Bocadillos / Small plates

WELDON OWEN INC.

Presidente Ejecutivo John Owen
Presidente y Jefe de Operaciones Terry Newell
Vicepresidente de Ventas y Nuevos Proyectos Amy Kaneko
Vicepresidente y Director de Creatividad Gaye Allen
Vicepresidente y Publicista Hannah Rahill
Director de Arte Senior Kyrie Forbes Panton
Editor Senior Kim Goodfriend
Editor Asociado Lauren Hancock
Diseñador Senior y Director de Fotografía Andrea Stephany
Diseñador Britt Staebler
Director de Producción Chris Hemesath
Director de Color Teri Bell
Coordinador de Producción Todd Rechner

UNA PRODUCCIÓN DE WELDON OWEN

Derechos registrados © 2007 por Weldon Owen Inc.
y Williams–Sonoma, Inc. Derechos reservados, incluyendo el derecho
de reproducción total o parcial en cualquier forma.

Impreso en Formata
Primera impresión en 2007
10 9 8 7 6 5 4 3 2 1
Separaciones en color por Bright Arts Singapore
Impreso por Tien Wah Press

Fabricado e impreso en Singapur
/ Manufactured and printed in Singapore

RECONOCIMIENTOS

Weldon Owen agradece a las siguientes personas por su generosa ayuda para producir este libro: Heather Belt, Ken DellaPenta, Judith Dunham,
Peggy Fallon, Denise Lincoln y Sharon Silva.

Fotografía por Bill Bettencourt: página 45 (superior derecha)

UNA NOTA SOBRE PESOS Y MEDIDAS
Todas las recetas incluyen medidas acostumbradas en Estados Unidos y medidas del sistema métrico.
Las conversiones métricas se basan en normas desarrolladas para estos libros y son aproximadas. El peso real puede variar.